歴史文化ライブラリー

414

殺生と往生のあいだ

中世仏教と民衆生活

苅米一志

吉川弘文館

目　次

生命について考える——プロローグ

ペットと家畜

大阪府豊能《とよの》町立東能瀬《ひがしのせ》小学校の教諭をつとめた黒谷恭史氏には、『豚のPちゃんと三十二人の小学生』（ミネルヴァ書房、二〇〇三年）という著作がある。これを原案として二〇〇八年、前田哲監督の映画『ブタがいた教室』も公開されたので、ごぞんじの方も多いだろう。黒谷氏の授業は、鳥山敏子氏による「いのちの授業」に影響をうけたものであり、生命について考えさせるため、長期にわたりクラスで飼育した豚を食べる（ことを児童に考えさせる）という内容であった（鳥山『豚まるごと一頭食べる』フレーベル館、一九八七年）。児童が、愛情をもって飼育した豚を食べる。このことの問題点は、ほとんど直感的に指摘することができる。はじめに愛情の対象としたはずの動物（ペット）を、のちには食用とすること。その矛盾である。授業がはじめてテレビにとりあげられた際にも、おなじような批判があったと聞いている。一方で、当の児童たちのがわは時間がたつにつれ、おどろくほど冷静で哲学的になっていったように見える。

おなじ豚なのに、ペットと家畜にわけられる場合があるのはなぜか。牛や豚は食用なのに、犬や猫はなぜそうならないか。そもそも野菜や果物も、じつはおなじ生命ではないのか。あるいは、家畜の屠殺《とさつ》という現実を知らないまま、日常的に肉類を口にすることに問題はないか。このことばどおりではないにせよ、児童たちが似たような疑問を思いうかべたことは容易に推測できる。これらは大きく、人間による自然の認識と分類という人類学的な課題、および生命をどう考えるかという倫理学的な課題にかかわってくる。右のような問題については近年、さまざまな分野で多くの成果がつみあげられている。ただし、本書では、こうした難解かつ現代的な問題をあつかうわけではない。

殺してはならないということ

かつて、日本の歴史のうえでは、「生命をうばうことが絶対悪」とされた時代があった。そういうと、徳川綱吉による「生類憐《しょうるいあわれ》みの令」を思いうかべる方も多いかもしれない。しかし、本書であつかうのは、それよりもはるかに古い時代、およそ平安時代末期から室町時代までのことである。この時代、動物の生命をうばうことを、仏教用語で「殺生《せっしょう》」といった。これを禁止することを「殺生禁断《きんだん》」という。もともとは、仏教における戒律の筆頭「殺生戒《せっしょうかい》」に由来する禁制である。権力者はしばしば「殺生禁断」を人民に義務づけ、まもれない者には厳罰を科すことがあった。「生類憐みの令」には、はるかに古い前提があったということになる。

しかし、考えてみると、これは奇妙な話ではないだろうか。現代にあてはめて考えてみよう。「いかなる人間も、動物の生命をうばってはいけない」。これを、まもれるかどうか。回答は「まもれるわけがない」であろう。魚貝類や肉類など、動物性のタンパク質をとることができなくなってしまうからである。それでは、当時の人々は完全な菜食主義だったのだろうか。そうではあるまい。殺生禁断を命じる権力者のがわですら、時に応じて魚貝類や肉類を口にしていたはずである。このことを、どう考えるか。

現代でもそうかもしれないが、「自分は直接に動物の生命をうばってはいない」という主張もありえただろう。おそらく、「食べること」と「殺すこと」を切りはなして考えているのである。「殺す人間は、自分とは別」ということでもあろう。では、殺すことを職業とする人間が、全面的にその罪を負うのであろうか。実のところ、そう考えられていたのが、およそ平安時代の末期から室町時代、いわゆる中世という時代なのである。

狩猟については後退した感があるが、漁業は現代でも重要な産業である。資源保護にかかわる規制は別にして、漁業が全面的に禁止されることはないし、ましてや漁業じたいが罪悪視されることはない（クジラ漁やイルカ漁への批判については、他文化からの圧力・規制なので、また別な次元の話になる）。しかし、中世には狩猟や漁業が全面的に禁止され、そこにたずさわる人々が弾圧された事実がある。彼らは、しばしば殺生人《せっしょうにん》あるいは悪人とよばれ、死後は地獄に堕《お》ちるなどともいわれたのである。

殺生人・悪人

狩猟や漁業は、人類はじまって以来の歴史をもつ。特に日本列島において、魚類資源の獲得つまり漁業は、食生活に対しても圧倒的な影響力をもってきた。だからこそ、現代における日本漁業の発展があるともいえる。しかし、中世においては、権力のがわがそれを全面的に禁止しようとし、また宗教的な差別を行なったことすらある。それが徹底できないことは、あらかじめ予測できるにもかかわらず、である。この奇妙さは、ひとえに「現代と、その時代とのあいだの文化や宗教の差異」によるのであろう。ひるがえって、中世の文化や宗教とは、どういう性質をもつのであろうか。これを「殺生」というキーワードから考えてみようというのが、本書の第一の課題である。

無痛文明としての現代社会

罪悪視かどうかはおくとして、「殺すことと食べることは別」とする考え方は、現代でも通用する。むしろ、現代でこそ強いというべきだろうか。それだけ家畜の屠殺という現実が、一般から遠ざけられているのである。人間の文化は、むきだしの自然や野生に耐えることができない。自然や野生を露呈《ろてい》する生と死、あるいは性と暴力に対しては、強いタブーや儀式などが課されることが多い。

しかし、現代社会における自然・野生との隔離《かくり》は、いささか行きすぎなのではないだろうか。かつて、森岡正博氏はこの状況を「無痛《むつう》文明」と名づけた（『無痛文明論』トランスビュー、二〇〇三年）。苦痛や不快さを遠ざけ、選別された快楽ばかりを享受《きょうじゅ》していると、「そもそも、人間は何のために生きているのか」ということまで見うしなってしまう。

生存という絶対命題を軸として、野生環境および群れ（共同体）のなかで生きるため、人間の脳にはさまざまな感情がうまれ、遺伝的にうけつがれてきた。生存のためには、厳しい自然環境に向きあう必要があり、そこには苦痛や不快さがともなったはずである。それらを乗りこえた時、人間の脳にはいわゆる「快感」がもたらされた。そのことのくり返し（学習）によって、人類は進化してきたのである（戸田正直『認知科学選書二四　感情――ヒトを動かしている適応プログラム』東京大学出版会、一九九二年）。

そうだとすれば、苦痛や不快さにあえて直面すること、あるいは間接的にでもそれを考えてみるのは、けっして無駄なことではないだろう。先にあげた黒谷氏や鳥山氏の授業は、それをねらいとしていたはずである。ほんの少し前の時代、ニワトリやウサギを家で飼育し、必要に応じてこれを「つぶして食う」ことは当たり前だった。では、その時代の人々は生命を軽んじていたのだろうか。どうも、そうとは思われない。一方で、従来から狩猟や漁業に従事する人々が信心深いというのもよくいわれることである。たとえば、みずからが殺した動物を手あつく葬《ほうむ》ってやるなどの習俗があげられる。生命を直接にうばうことと、生命を重んじないことは決しておなじではない。むしろ現代人の方が、よほど生命に対して鈍感になったといえるかもしれない。

では、歴史をさかのぼったとして、中世の狩猟や漁業にたずさわる人々は、生命をどのようにとらえていたのだろうか。さらに他の生命との関係で、自分の生命というものをどのようにとらえていたのだろうか。中世には宗教的な差別もあったわけだから、彼らの内面はどうしても屈折したものにならざるをえない。おそらく、そこには自己肯定的な側面と自己否定的な側面が同居しているだろう。そのことによって、より深い信仰をもとめる人々もあったはずである。その葛藤《かっとう》のありようを明らかにできれば、いわゆる民衆宗教の別な側面を掘りあてることになるかもしれない。無論、この問題についても、すでに多くの研究の蓄積がある。それらにまなびつつ、狩猟や漁業という生業にたずさわる人々に注目し、彼らと宗教との関係をさぐること。これが、本書の第二の課題となる。

叙述について

以下、先のふたつの課題について考えていくが、ここで叙述のうえでの注意点をあげておく。まず時代区分であるが、およそ七世紀の末から一一世紀のなかばまで、具体的には天武天皇の時代から後三条天皇の時代までを「古代」とする。また、一一世紀の末から一六世紀の末まで、白河上皇による院政の開始から豊臣秀吉による天下統一までを「中世」とする。後者は大まかに、平安時代末期、鎌倉時代、室町時代、戦国時代とわけることがある。南北朝時代は、室町時代の前期にふくまれる。ただし、これらはあくまで便宜的なものであって、それが絶対の指標ではない。

つぎに用語の問題であるが、いわゆる「動物」については以下、史料用語にもとづき「生類《しょうるい》」ということばを用いることにする。「生類」という概念には、植物をふくまない。また、ここまでは「漁業」ということばを用いていたが、以下では歴史学における一般的な用語として「漁撈《ぎょろう》」ということばを用いることとする。

最後に史料について。古文書・古記録について、すでに参照すべき訓読文が存在する場合には、それらを引用することとした。それ以外については、筆者の責任で読みくだしを行なうこととする。おそらく、他にもいく通りかの読み方があるだろうが、あくまで筆者の解釈によるものとご理解いただきたい。

古代国家と「殺生」

狩猟・漁撈の重み

日本列島における狩猟・漁撈

人類はながらく、狩猟・漁撈《ぎょろう》・採集によって生活をなり立たせてきた。日本列島でいえば、これらにくわえて農耕が普及したのが、ようやく紀元前後のこととされる。これ以後も、狩猟・漁撈・採集は農耕と複合的にいとなまれ、人々の生活において重要な位置をしめた。

ところで、この「狩猟・漁撈・採集」という用語は、先史・考古学においては一般的なものであろう。しかし、日本列島の自然環境を考えた場合、これはかならずしも正確な表現ではない。通時代的に、狩猟が生業として優先していたようにとられる可能性があるからである。たしかに、先土器（旧石器）時代における漁撈活動の証拠はあまり確認できず、大型動物の捕獲が主流であったと思われる。しかし、それ以降の時代の生業としては、むしろ漁撈が優先していたと考えるのが妥当であろう。

海にかこまれた島国という地形環境、山と海をつなぐ河川の多さ、居住困難な山地の広さ、平地への定住の動き。こうした条件を考えれば、縄文時代以降、狩猟を生業の主流と

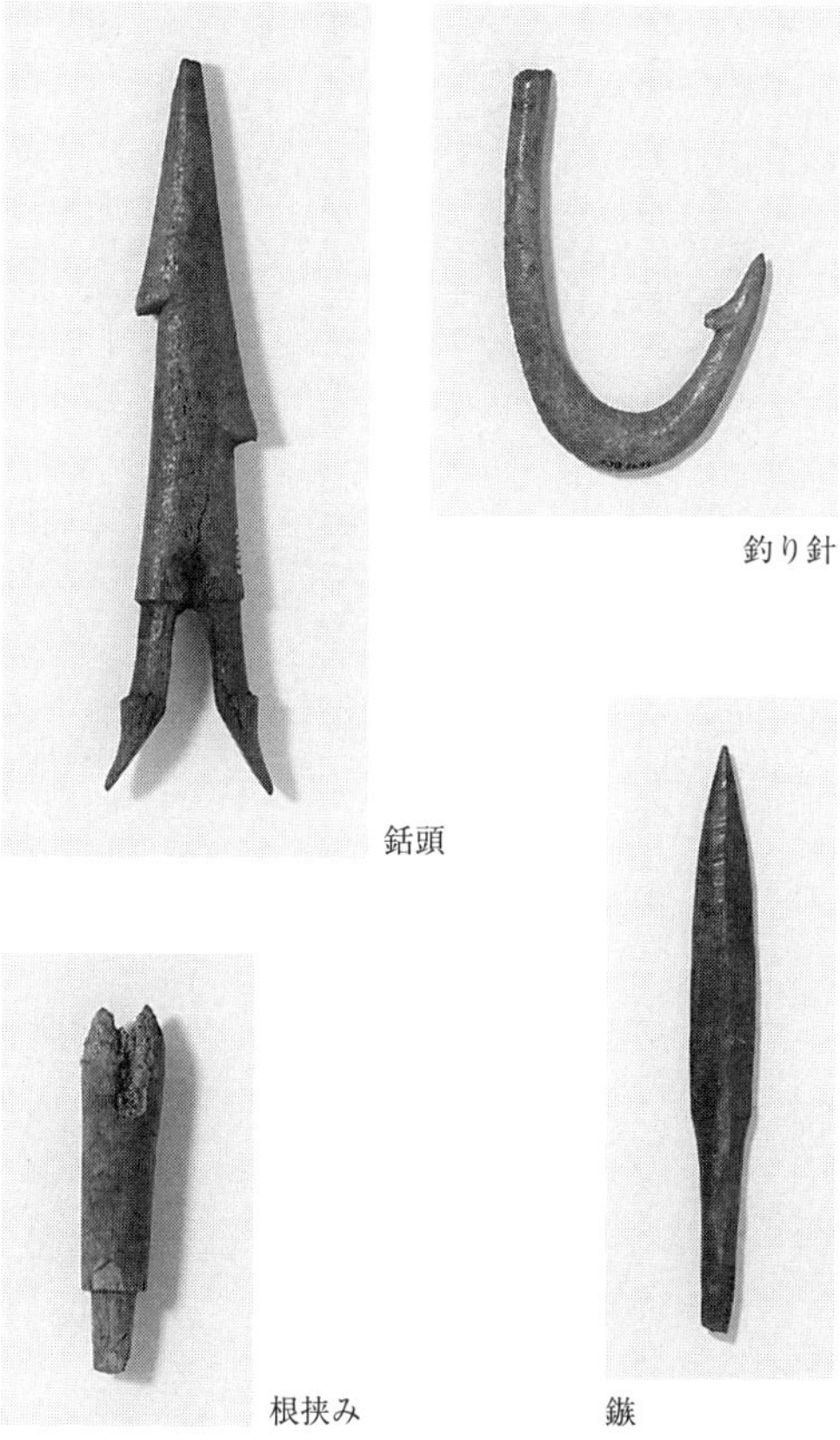

図1　漁撈具（青谷上寺地遺跡出土骨角器，鳥取県埋蔵文化財センター写真提供）

することは難しいと思われる。むしろ、貝塚における多くの魚貝類、さまざまな漁具の発掘などの成果がしめすように、沿海や河川湖沼における漁撈の割合が高かったと考えるのが自然であろう。さらに、それと同等に重要な植物資源の採集がある。あえて「漁撈・採集・狩猟」といいかえることはしないが、日本列島において、狩猟だけで生活をなり立たせることが、きわめて困難であったことは確認しておきたい。

ところで、狩猟・漁撈という生業は、農耕や牧畜とどう違うのであろうか。先史・考古学では、農耕と牧畜の最低限の定義を「ある生物Aが、他の生物Bのうみだす資源に寄生《きせい》し、かつ生物Bをとりつくさずに、寄生の状態を維持すること」とする考え方がある。生物Aを人間であるとして、生物Bを植物とすれば農耕となり、動物とすれば牧畜《ぼくちく》となるのであろう。この定義の是非はおくとして、両者ともに一定の時間と空間が必要なことはすぐに理解できる。つまり、資源を得るまでの時間と田畑や水場《みずば》・草場《くさば》という空間である。さらに、資源となる生物そのものを生育・養育する手間も不可欠となる。

これにくらべ、狩猟・漁撈は、時間や空間にあまりしばられないという特徴をもつ。時間については、獲物の習性にあわせる必要もあるが、作業自体が長時間にわたることはない。また、山中・草原・海面・河川《かせん》湖沼《こしょう》という空間は不可欠であるが、それは獲物の所在と移動に応じて、いくらでも変更することができる。さらには、獲物を集団で追いこむ、つまり人間の意志によって獲物を移動させる方法もある。森林から草原におり立った原初の人類が、狩猟・漁撈にたよったのもうなずけるところである。狩猟・漁撈は、さほど時間・空間に束縛《そくばく》されず、比較的短い時間において、集団の共同作業によって行なわれるという特徴をもつようである。技術の難しさは別として、「人間の欲求に応じて、短期的に獲物を手に入れることができる」のが、狩猟・漁撈という生業なのであろう。

農耕の拡大と狩猟・漁撈の意味

日本列島に、稲作がいつごろつたわったかについては諸説あるが、それが列島内部に行きわたる速度は相当なものであったといわれている。しかし、これによって狩猟・漁撈が大きく後退するわけではなかった。江戸時代にいたっても、純粋に「農耕だけを行なう農民」は存在しない。当然、古代・中世の農民も、農耕以外にさまざまな生業をいとなんでいたのである。ただし、律令における班田制《はんでんせい》など、農耕が国家にとって支配の基盤となってくると、狩猟・漁撈にはかえって特殊な意味があたえられたらしい。このことを「贄《にえ》」というしくみによって見てみよう。

贄は、新嘗祭（ニイアヘノマツリ・ニイナメノマツリ）の「アヘ」「ナメ」などと語源をおなじくし、「食べること」「食べもの」という意味をもつ。しかし、古代では「神および天皇の食べもの」「神および天皇へのささげもの」という意味で使われることが多い。もともと、自然の象徴としての神に対して、その土地で生産された食べものをささげる慣習があったと思われる。その土地の生産物を食べる存在こそが、その土地を支配するという観念があったのである。これはやがて在地の首長《しゅちょう》に対するささげものとなり、さらに彼らが大和朝廷などの支配集団に服属していく過程で、中央にも送られるようになった。それは大王《おおきみ》、のちの天皇に対するささげものになっていく。

しかし、贄は食べもの一般というよりも、圧倒的に水産物をさすことが多い。奈良県の藤原・平城宮跡《へいじょうぐう》で出土した大量の荷札木簡《にふだもっかん》でも、「贄」と記されたのは、ほぼすべて水産物である。先に述べたように、こうした傾向は、生業全体にしめる漁撈の割合の高さ、またそこに影響された食生活の特徴をしめしているだろう。ところが、この贄については律令に明確な規定がない。律令が、稲や布などの徴収についてくわしくしるしているのとは対照的である。この点で、漁撈という生業に対応する贄の献上は、特殊なものとしてあつかわれていることがわかる。おそらく、その起源があまりに古く、日本独特のものであったために、中国由来の律令の制度にうまく組みこめなかったのだろう。その内実が史料的に明らかになるのは、九世紀になってからのことである。

贄と漁民集団

佐藤全敏氏によれば、中央への贄の献上のしくみは、ほぼ以下の三つの系統に分類できるという。

① 服属ミツキ系統。かつて、国造《くにのみやつこ》などの在地の首長が、大和朝廷に服属したあかしとして、中央に贄を献上したことに起源をもつ。各国から年一回献上され、その税目を贄とするか、調雑物《ちょうざつもつ》とするかは、国がわの判断にまかされる。

② 中央伴造《とものみやつこ》御食国《みけつくに》系統。伴造という代表者にひきいられた近畿地方の部民《べみん》（特殊な職能によって中央に奉仕する集団。この場合は漁民集団）が、一〇日ごとに輪番で贄を献上するかたち。伴造は、主として膳《かしわで》氏（のち高橋氏）と阿曇《あずみ》氏である。

③ 畿内贄戸《にえこ》系統。天皇と特殊なむすびつきをもつ贄戸・雑供戸《ざつくこ》という漁民集団が、月単位で贄を献上するかたち。漁民集団としては大和国吉野の鵜飼《うかい》、河内国の網曳《あびき》、山城国・摂津国淀川の江人《えびと》、近江国筑摩《つかま》の贄戸などが知られる。さらに九世紀になると、若狭・紀伊・淡路などの漁民集団がくわわり、ほぼ日がわりで贄を献上するようになる。

これらを大きくわけると、全国から年単位で献上されるもの（①）と、近畿地方から月・日単位で献上されるもの（②③）があることになる。①の実情はよくわからないが、

「備前国水母　別貢　御贄弐斗」

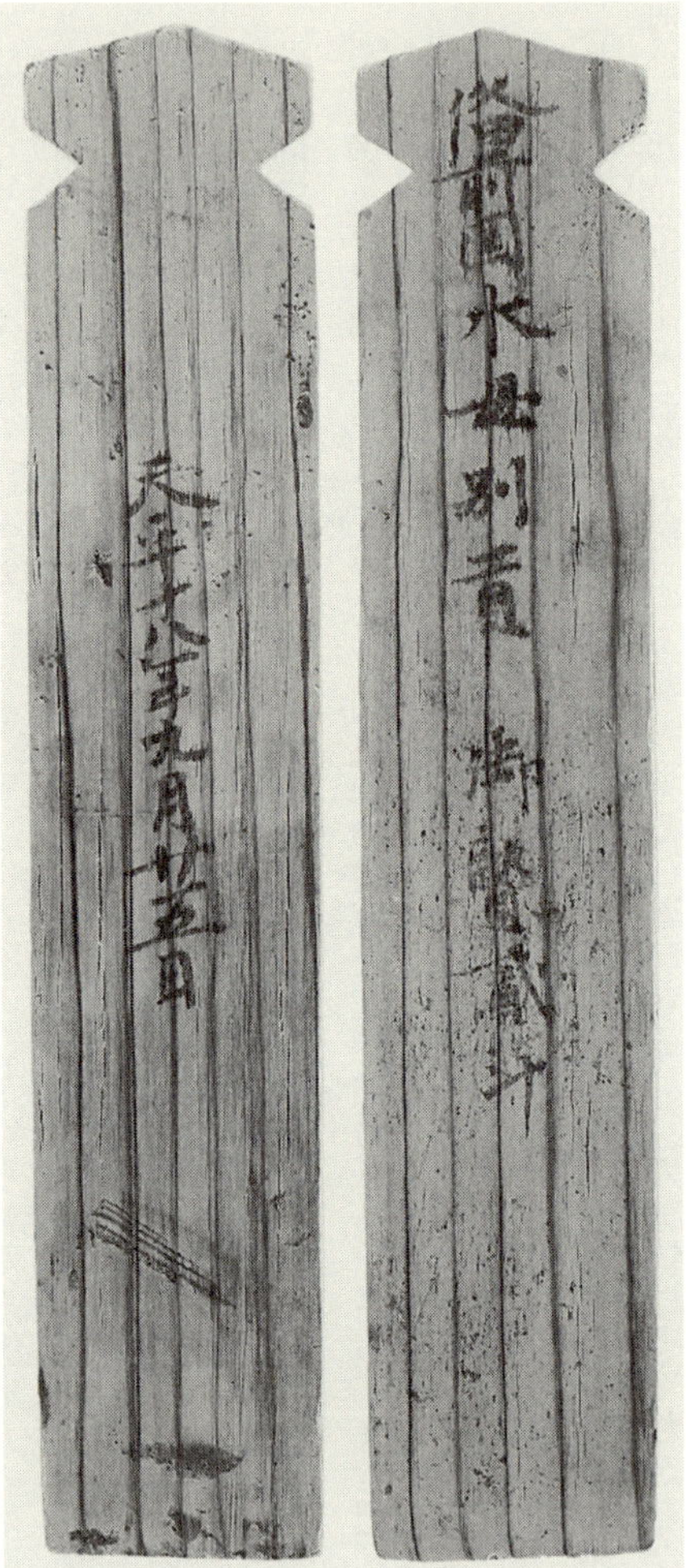

「天正十八年九月廿五日」

「備前国海鈿螺　御贄一斗」

図2　贄の荷札木簡（平城宮跡出土，奈良文化財研究所写真提供）

おそらく専門的な漁民集団と、一般の農民の副業によるものが併存《へいぞん》しているだろう。②と③は担当の責任者がことなるとはいえ、在地における専門的な漁民集団によっている。

後者のうち、たとえば吉野の鵜飼については、『古事記』において「阿陀《あだ》の鵜飼」といわれている。これは、南方の隼人《はやと》系の民族が吉野地方に土着し、のち大王・天皇に服属した存在と見られている。こうした人々は海部《あま》（海人）ともよばれ、かつてはその航海技術などによって、大王・天皇の軍事的基盤となったこともあった。

天皇と狩猟

一方、狩猟の分野についてはどうであろうか。ここでも、漁撈の分野とおなじく、そこにかかわる専門的な集団の存在が指摘できる。内実は不明なものもあるが、山部《やまべ》・山守部《やまもりべ》・宍人部《ししひとべ》・鳥養部《とりかいべ》・犬養部《いぬかいべ》・猪甘部《ししかいべ》・馬飼部《うまかいべ》などが知られている。これらの人々は、獣の肉などを献上する他、天皇が狩猟を行なう山林や草原をまもり、また狩猟に使用する犬・鷹・馬などを飼育していたものと思われる。

狩猟は、天皇の軍事行動とつよくむすびついている。それは勢力下の国内を巡見することでもあり、天皇のもつ軍事力を見せつける機会でもあった。また、先の贄とおなじように、その土地の禽獣《きんじゅう》を捕らえ、かつ神にささげる行為は、その土地を支配することの象徴でもある。中澤克昭氏は、これを「狩る王の系譜」と名づけている。国家の軍事部門はやがて、鎌倉幕府や室町幕府の将軍の手にゆだねられていくのだが、その場合でも将軍が率先して狩猟を行なうことは、その権力をしめす重要な手段であった。特に鷹狩《たかがり》は、形式的であるにせよ、江戸の幕末まで、将軍による儀礼的な行為として存続した。

以上のように考えると、農耕を基盤とする班田制がひろまったことにより、かえって狩猟・漁撈に特殊な意味があたえられたことがわかる。狩猟・漁撈を専門とする集団は保護され、その献上物は天皇の食物として区別された。律令の整備と平行して、狩人・漁民集団と天皇とのむすびつきが再確認され、維持されたのである。さらに狩猟の場合は、天皇が積極的にかかわることで、その権力と権威を象徴的にしめす機会ともなった。

仏教の伝来と戒律思想

仏教の伝来

ここまで、日本の古代国家において、狩猟・漁撈が大きな意味をもったことを見てきた。かつて、網野善彦氏が提唱した「天皇が山野河海におよぼす本源的な権威・権力」という概念は、まさにこのことによっている。これを仮に「素朴な文明段階」とよぶとすれば、次にくる変化はどのようなものであろうか。

それには、日本列島への仏教の伝来という事情が深くかかわっている。古代国家はやがて、中国大陸・朝鮮半島の高度な文明と接し、そこから多くをまなぶことになる。六世紀の前半、欽明《きんめい》天皇の時代に朝鮮半島の百済《くだら》から仏教がつたえられ、さらに六世紀の末から八世紀にかけ、古代国家は仏教を本格的にうけいれることになった。日本の古代国家にとって、仏教は先進的な文明の象徴でもあったのである。

仏教は、いわゆる創唱《そうしょう》・普遍《ふへん》宗教（特定の誰かがとなえはじめ、その教理の普遍性により、地域・民族をこえてつたえられることになった宗教）のひとつであるが、それが特定の地域につたわるということは、その地域の伝統を破壊するという側面をもっている。日本列島において、その影響がもっともつよかったのは、「生き物を殺す」という点をめぐってであった。簡単にいえば、仏教において、もっともいましめられる規則（戒律《かいりつ》）が、「生き物の命をうばってはならない」というものであったことである。それでは、仏教における規則、つまり「戒律」とは、どういうものなのであろうか。

戒律というもの

意外なことかもしれないが、釈迦の死後もながらく、仏教の修行者は寺院に定住するという習慣をもたなかった。紀元前のインドでは、一定の期間のみ、修行者があつまって、ともに悟りの段階をたずねあうということをしていたらしい。やがて、修行者がひとつところにあつまって、共同生活を行なうことが一般化した。この集団を、「僧伽《サンガ》」とよぶ。これが寺院の起源であり、そこにおける生活規則が戒律である。

戒律は、前後ふたつの部分からなる。「戒」とは、自律的・内面的な「いましめ」である。一方、「律」とは他律的・共同体的な「とりきめ」である。ただし、双方をまとめていう場合には、「戒」とも「律」ともしるすことができる。寺院における日常生活のうえで、戒律をまもれたかどうか。このことを、修行者たちは定期的に告白し、また懺悔《ざんげ》することによって、集団生活の秩序を維持していた。戒律は修行生活の指針であるともいえるが、一方でそれは、寺院外部の保護者（檀那《だんな》・檀越《だんおつ》）に対して、「我々はこれほど禁欲的な生活をおくっているのだ」とうったえかける手段でもある。修行者は、共同体にとって「全体の苦しみを一人でひきうける」という「代苦者」の役割を負っていた。それが、外部の保護者から寄付（布施《ふせ》）をうけるための重要な条件でもあったのである。したがって、戒律には世俗からして、積極的にまもるべき生活倫理もふくまれることになる。

戒律にかかわる経典

戒律にかかわる経典で、インド成立の主要なものは、つぎの六つである。①『十誦律《じゅうじゅりつ》』六一巻（五世紀初頭に漢訳された）、②『四分律《しぶんりつ》』六〇巻（『十誦律』の直後に漢訳）、③『摩訶僧祇律《まかそうぎりつ》』四〇巻（五世紀前期に漢訳）、④『五《ご》分律《ぶんりつ》』三〇巻（五世紀前期に漢訳）、⑤『根本説一切有部律《うぶりつ》』一九四巻（ほぼ八世紀初頭に漢訳）、⑥『巴利律《パーリりつ》』五巻（パーリ語でしるされ、現代のスリランカ仏教でも実践されている）。

しかし、東アジアの大乗仏教において、もっとも大きな影響力をもったのは、おそらく

『梵網経《ぼんもうきょう》』一二〇巻であろう。五世紀なかばの中国（南朝・宋）で成立し、他の漢訳経典とおなじように鳩摩羅什《くまらじゅう》の訳とされた。インドで成立したかのようによそおっているため、「偽経《ぎきょう》」の一種に分類される。ただし、天台宗の実質的開祖とされる智顗《ちぎ》（五三八～五九七）が、六世紀なかばに『菩薩戒義疏《ぼさつかいぎそ》』をあらわし、『梵網経』をインド由来のものとみとめたため、戒律の根本経典のひとつにかぞえられることになった。天平五年（七三三）には、日本へもつたわっていたことがわかっている。

この『梵網経』の筆頭にくるのが、第一重戒《じゅうかい》の殺生戒である（以下に引用する訓読文は、石田瑞麿『仏典講座一四　梵網経』〈大蔵出版、一九七一年〉による）。

　仏《ぶつ》の言わく、仏子《ぶっし》、若自《なんじみずか》ら殺し、人に教えて殺さしめ、方便《ほうびん》して殺すことを讃嘆《さんたん》し、作《な》すを見て随喜《ずいき》し、乃至《ないし》、呪《じゅ》して殺さば、殺《せつ》の因《いん》、殺の縁《えん》、殺の法、殺の業《ごう》あり。乃至、一切の命《めい》ある有情《うじょう》は故《ことさら》に殺すことを得ざれ。これ菩薩は、応《まさ》に常住の慈悲心・孝順心を起《おこ》し、方便して一切の衆生《しゅじょう》を救護《くご》すべし。しかるに自ら心を恣《ほしいまま》にし、意を快《こころよ》くして殺生せば、これ菩薩の波羅夷罪《はらいざい》なり、

修行者（菩薩）は、みずから殺生すること、他人に殺生させること、殺生を讃嘆し喜ぶこと、呪術をもちいて殺生すること、などを禁じられている。これらを破れば、寺院を追

放されて、二度と帰ることができない。これを、波羅夷《はらい》の罪という。殺生はもともと「殺人」を意味していたが、この段階では「一切の命ある有情」とあるように、生類一般の殺害に拡大されている。日本でも、生類一般の命をうばうという意味に解釈された。

興味深いのは、修行者が「常住の慈悲心・孝順心」をおこさなければならない、という点である。「慈悲心」はインドでも通用していたかもしれないが、「孝順心」となると、どうしても儒教の影響を考えたくなる。実際に『梵網経』は、「孝」という儒教思想を仏教の「慈悲」に相当するものと見なし、五戒を儒教の五仁（仁・義・礼・智・信）と一致させる操作もこころみている。ここに、中国仏教の大きな特徴があると見るべきであろう。『家語《かご》』、『礼記《らいき》』、『呂氏春秋《りょししゅんじゅう》』、『荀子《じゅんし》』王制、『孟子《もうし》』梁恵王《りょうけいおう》、『周礼《しゅうらい》』、『管子《かんし》』八観編、『淮南子《えなんじ》』巻九などの儒教文献には、狩猟・漁撈を規制する事例が見られ、それは古代聖帝の義務とも見られていた。『梵網経』は、こうした前提を戒律と融合させ、仏教を中国社会になじませようとしたものと考えられる。

殺生戒をささえる戒律

さらに『梵網経』には、殺生戒を補強するような戒律もある。四八軽戒《きょうかい》とよばれる戒律のうち、以下のものがそれにあたると思われる。

第三軽戒　―　一切の肉を食べてはならない。

第一〇軽戒　―　殺生および闘争のための道具を所有してはならない。
第一一軽戒　―　軍隊を指揮したり、そのなかに立ち入ったりしてはならない。
第一四軽戒　―　放火をして、山林・広野や建造物を焼いてはいけない。
第二〇軽戒　―　捕らえられ、殺されようとしている生類を放たなければならない。
第二一軽戒　―　肉親を殺されたとしても、復讐してはいけない。

たとえてみると、殺生戒は憲法のようなもので、それを実施するための施行細則として右のような戒律が置かれていると考えることもできる。これらの戒律をまもっていれば、殺生そのものを行なうことは、かなり難しくなるだろう。

特に第二〇軽戒（放生戒ともいう）は、生類に対する慈悲心を、世俗にもうながす役割がある。そして、ここでもまた「孝順心」が利用されているのである。

若《なんじ》仏子、慈心を以ての故に、放生の業を行ぜよ。一切の男子はこれわが父、一切の女人はこれわが母、我生生《しょうしょう》にこれに従って生を受けざることなし。故に六道《りくどう》の衆生は皆これわが父母なり。しこうして殺して食するは、即ちわが父母を殺し、またわが身を殺すなり。一切の地・水はこれわが先身、一切の火・風はこれわが本体なり。故に常に放生を行じ、生生に生を受くる常住の法をもて、人に教えて放生せしめよ。もし世人《せじん》の畜生を殺すを見たる時は、応《まさ》に方便《ほうびん》して救護《くご》し、その苦難を解き、常に教《きよう》化《げ》して菩薩戒を講説し、衆生を救度《くど》すべし（後略）

すべての人間と生類（六道《りくどう》の衆生）は、輪廻転生《りんねてんしよう》によってむすばれており、この世で生類を救うことは、めぐりめぐって自身を助けることにもなる。生類だけでなく、地・水・火・風もまた、人間にとっては父母のようなものであり、放生を行なうことは、亡者となった父母を救うことにもなる。そういうのである。父母という概念をもちこむことで、儒教的な孝行を連想させようとしているのだろう。

一方、第二一軽戒の内容は、孝順心と矛盾するようにも見える。父母を殺されれば、必ず復讐するのが古代中国のあり方であったからである。中国には、この矛盾を問いつめた僧侶も存在し、唐の法蔵（六四三〜七一二）は『梵網経菩薩戒本疏《そ》』において、「父母が殺されたとしても、それは前世の宿業《しゆくごう》の結果であり、殺されたことによってその宿業は解消されたと見るべきである。したがって、復讐は避けなければならない」との結論に達している。こうした点からも、『梵網経』はインド由来の戒律を、中国の儒教思想とすりあわせようとしたものと考えることができる。日本仏教は、中国・朝鮮半島の仏教の影響をつよくうけており、それは戒律という基本部分からして、すでに儒教思想と融合したものとしてうけいれられた。とすれば、仏教はその伝来当初から、「国王（天皇）のほどこす仁義や忠孝を助けるもの」と考えられたと推測できる。

殺生戒の意義

戒律は、修行の段階に応じて、五百もの数におよぶことがある。このなかには「重い」「軽い」という区別があり、重い順からいうと、上の五つは殺生・偸盗《ちゅうとう》・飲酒《おんじゅ》・邪婬《じゃいん》（邪淫）・妄語《もうご》である（五戒）。殺生（殺生戒）は人間および生き物の命をうばうこと、偸盗は他人の物を盗むこと、飲酒は酒を飲むこと、邪婬は女性と肉体的まじわりをもつこと、妄語は「自分はすでに悟った」と嘘をいうこと、となる。

いずれも修行のさまたげとなるといわれているが、考えつめてみると、ことはそう単純ではない。特に殺生戒については、その解釈をめぐって、さまざまな疑問をあげることができる。特に、「殺人」以外の「生類の命をうばう」罪については、難解である。『梵網経』は、その制定の理由を「慈悲心・孝順心を発揮させるため」と説いた。しかし、インド成立の戒律は、必ずしもその理由をしめしているわけではない。他の経典においても「殺生をすると、病気になる」「短命になる」「地獄に堕《お》ちる」など、その報いを説くだけのように見える（『華厳《けごん》経』第二四・十地品、『大毘婆沙論《だいびばしゃろん》』第一一三、『大智度論《だいちどろん》』第一三など）。このため、後世の学者たちは、やがてその解釈に悩むことになる。

変則的であるが、その一例として、江戸時代の富永仲基《とみながなかもと》（一七一五～四六）の説を見てみよう。その著作『出定後語《しゅつじょうこうご》』は、釈迦の説のうち、どれが正しいものであるかを考察したものである。仏教界においては、こうした操作を「教相判釈《きょうそうはんじゃく》」とよんできた。彼の場合は、経典の成立年代を考え、「新しいものは、古いものに『加上《かじょう》（付けくわえ）』したものなので、釈迦の説からは遠い」という立場でのぞんでいる。

『出定後語』巻下、肉食第一六において、彼は次のように述べる（以下の引用は、水田紀久校注『日本思想大系四三　富永仲基・山片蟠桃』〈岩波書店、一九七三年〉所収の『出定後語』による）。

仏《ぶつ》、殺を戒《いまし》め、肉を遠ざくる者は、なほ儒のごとく、しかり。およそ血気あるの属《たぐ》ひを君子はみづから践《ころ》さず。禹《う》が飲食を薄《うす》うし、旨酒《ししゅ》を悪《にく》むは、これ則《すなわ》ち、これのみ。故《ゆえ》に、十誦律に三浄肉《さんじょうにく》あり。涅槃《ねはん》に九浄肉あり。みな、これを食ふを開《ゆる》す。（中略）また報応経《ほうおうきょう》に云く「七衆は肉葷辛《くんしん》を食ふを得ず。病あれば開《ゆる》す」と。これ、あに病ありて食へば、則ち肉もまた父母たらざるが故に、これを開すとなさんや。これ、不通の論なり。故に知る、仏の肉食を禁ずるは、意ここにあらざるを。（中略）仏の肉を戒むる者は、意もと殺生にあるなり。殺生を戒むる者は、仁慈を傷《やぶ》ればなり、

「君子」「仁慈」ということばがしめすように、仲基は『梵網経』とおなじく、殺生戒の制定を儒教的理念によるとしている。生命をうばわないことは、すでにインドでも倫理として通用していたと考えるのだろう。このことは仲基が、「仁義」や「慈悲」の観念が普遍的であったと考えていることをしめす。ただし、これをつき詰めてしまうと、話はさらに難しくなる。つまり「慈悲心や孝順心は、はたして人類に普遍のものであるか」、「他の動物はきわめて利己的に生きているのに、なぜ人間だけがこのような倫理的義務を負わなければならないか」という疑問がぬぐえないのである。

この疑問に対しては、筆者もまた、よくこたえ得るものではない。ただ、近年では人間の脳内のミラー・ニューロンの存在、自己運動・自己増殖するものに対しての本能的共感（エンパシー）など、認知科学における研究成果がある。人類は進化の過程で、他人や他の生物に対する共感をつちかってきたらしい。それを獲得した方が、生存に有利だったからであろう。ここではあくまで、「普遍の次元において、慈悲心というものは、そうした本能的しくみと関係しているらしい」ということだけ指摘しておこう。

ここであえて、富永仲基の見解をあげたのには、また別な理由がある。それは彼が「修行者が食べても良い肉（浄肉）」や「病気の際など、肉を食べても良い場合」を指摘しているからである。仲基がいうには、年代がくだるにつれ、殺生や肉食を禁じる風潮がつよくなり、それにさまざまな理由づけがうまれてくるという。しかし、彼はそこに多くの矛盾を見出している。「浄肉が、父母の転生したものでないという保証はどこにあるか」、「病気の際は肉を食べても良いというが、その時の肉は、父母の転生したものではないのか」、「戒律には『草木を踏んですらならない』とするものがあるが、それ以前に植物を食べない人間など存在するのか」など、その舌鋒《ぜっぽう》はきわめてするどい。

彼の結論としては「殺生戒は、時に応じて慈悲心を発揮する手段として解釈すれば良い。それは絶対悪でもないし、その違反に対してきびしい罰則をもうけるのも不適切である」というものである（同巻下、戒第一四）。これは、現代でも一考の価値があるだろう。

文化の違いを無視して、他の食文化を全否定する。特定の宗教の戒律にこだわって、それにはずれる行為をきびしく弾圧し、時に死刑すら行なおうとする。現代世界でも、こうした風潮は良く目にするところである。しかし、仲基は「釈迦が説いたことは、そのように狭い知見ではないのだ」とうったえる。仲基は、釈迦が説いた「中庸《ちゅうよう》」ということばを良く理解していた。規則にとらわれるあまり、修行者自身が過激な行動に走っては、もとも子もない。筆者はここに、現代的課題へのひとつの解答があると見る。

しかし、歴史的な流れをいえば、やがて日本において、殺生行為は過激な反応でもってむかえられるようになる。それは、いき過ぎた宗教的熱狂でもあろう。一方、ひるがえって考えてみると、その時代、富永仲基とおなじことを考えた人間はいなかったのだろうか。おそらくいたはずなのであるが、それについては、のちに触れることとしよう。

「殺生」と「放生」をめぐる国家の政策

殺生禁断と仏事

日本の古代国家の基盤を律令と仮定すれば、その本格的な成立は七世紀の後半、いわゆる天武・持統朝のことである。この時代に、飛鳥浄《きよ》御《み》原令《はらりよう》が制定・施行され、寺院の制度についても整備された。これと対応するように、天武天皇四年（六七五）四月十七日には、次のような法令が出されている（『日本書紀』）。

今より以後、諸《もろもろ》の漁猟者を制して、檻穽《かんせい》を造ること、及び機槍等の類《たぐい》を施すこと莫《な》かれ。また、四月朔《ついたち》以後、九月三十日以前、比弥沙伎理《ひみさきり》の梁《やな》を置くこと莫かれ。且《か》つ牛・馬・犬・猨・鶏の宍《しし》を食らうこと莫かれ。以《もっ》ての外《ほか》は禁例にあらず、若《も》し犯《はん》有らば、之を罪《つみ》す、一見すると、狩猟・漁撈および肉食の禁制のようだが、そう結論づける前に、条文をくわしく見てみよう。仮に現代語訳してみると、以下のようになる。「今後は、諸国の狩人・漁民に対して、落とし穴や仕掛け式のワナを設置しないようにさせよ。また、四月一日から九月三十日までは、河川に簗《やな》を設置してはならない。牛・馬・犬・猿・鶏の肉を食べてはならない。ただし、これ以外の行為を禁ずるものではない。もし、これらの禁制に違反する者がいれば、罪科に処す」。牛・馬・犬・猿が食べられていたことは、日本人の食生活にまつわる常識とくらべて非常に興味深い。なお、ここでは「比弥沙伎理《ひみさきり》」を「隙《ひま》遮《さえぎ》り」、すなわち「魚が逃げ出る隙もないほど、簗の簀目《すのめ》がつまった状態」をさすと考えている。

この前後の状況を見てみると、まず四月一日には、二千四百あまりの僧尼《そうに》をまねいて仏事が行なわれた。十月三日には、諸国に使者がつかわされ、国内の一切経《いっさいきょう》をあつめるよう命じられている（『日本書紀』）。四月から十月までは、国家的な仏事が行なわれる準備期間であったと考えられる。そうすると、簗の設置と獣肉食の禁止はひとまとまりのものであって、国家的な仏事にのぞんで、人民に精進潔斎《しょうじんけっさい》を命じたものと考えることができる。この禁制が、この年だけのものであった可能性も高いであろう。また、前半のワナ猟の禁止は、大型動物に対する天皇の慈悲をしめしたもののように思われる。

一方、第二〇軽戒《きょうかい》(放生戒)を実践する放生についても、天武・持統天皇の時代がひとつの画期をなした。まず、天武天皇五年(六七六)八月に諸国、同年十一月に近京諸国に放生が命じられ、その実施が制度化されたようである。持統天皇五年(六九一)十月には、畿内および諸国に「長生地《いきものはなつところ》」各一〇〇〇町が置かれた(『日本書紀』)。生類を放つ場所が、公有地として各国内に設置されたのであり、定期的な放生が行なわれたということであろう。以後、こうした恒常的な制度とならび、天皇の病気などへの祈禱《きとう》に際して放生が行なわれていく。殺生禁断と放生は、国家的な仏事を実施する前提となった。

仏教が伝来する以前、祭りごとにのぞんでは、何らかの「忌《い》み籠《ごも》り」が行なわれ、それがのちの精進潔斎につながっていくことが指摘されている。証明は難しいが、「忌み籠り」の期間中、生類を殺さず、それを食べることをひかえる習慣がすでにあったのかもしれない。そうした習慣が、国家的な仏事の本格的導入にあたって、仏教の文脈に読みかえられ、右のような法令としてあらわれたと考えるのが妥当であろう。しかも、これは絶対的な禁制ではなく、過酷な狩猟・漁撈法の制限と、時期をかぎった禁制である。したがって、中世における殺生禁断とは、一線を画《かく》すものと見なければならない。

殺生禁断と放生

先に述べたように、古代においては、しばしば全国あるいは畿内に対して、殺生禁断や放生が命じられている。その内実については、すでに平雅行氏により事例が網羅《もうら》され、その総括もなされているので、ここでは大まかにその傾向を指摘しておこう。仮にこれらを三つに分類するとすれば、①国家的仏事に際しての殺生禁断と放生、②寺院境内《けいだい》における殺生禁断、③酷猟《こくりょう》・酷漁の規制、となる。

①は、古代仏教において最重要事であった天皇護持《ごじ》と鎮護国家にかかわっている。発令の理由としては、国家的仏事の開催、新たな寺院の建立、天皇の即位、皇族の病気・服喪《ふくも》などがある。いずれも、何らかの仏事が行なわれるところに特徴がある。『薬師瑠璃光如《やくしるりこうにょ》来本願功徳経《らいほんがんくどくきょう》（薬師経）』という経典では、殺生の禁断が薬師如来の第一・第二の大願であるとされている。国王が七仏薬師法という仏事を行ない、生類を放ってやれば、疫病・日月蝕・風雨・干魃《かんばつ》、あるいは反逆・侵略などあらゆる国難をまぬがれるという。国家的仏事にともなう殺生禁断と放生の実施は、ここに影響されているであろう。実際に、しばしば薬師悔過《けか》という仏事が行なわれ、殺生禁断や放生がともなうことがある。

一方、護国三部経のひとつである『金光明最勝王経』にも、殺生禁断や放生にかかわる記述がある（他のふたつは『法華経』と『仁王経』）。同経の長者子流水品《ちょうじゃしるすいぼん》という段では、仏の化身である流水長者が、大河で水流をさえぎって漁をする人々から、多くの魚を救うという話が語られている。同経では、流水長者を理想的な君主としてえがいており、そのすがたが天皇になぞらえられた可能性はきわめて高い。中国と同様に、古代の天皇もまた生類への慈悲をもとめられたのである。

②は、月の六斎日における仏事の場の清浄を目的とするものである。これは『観普賢菩《ふげん》薩行法経（観普賢経）』の第四懺悔の項目にあげられている。これにもとづき、中国北斉の文宣、隋の文帝、唐の景宗なども、六斎日《ろくさいじつ》における寺院境内の殺生禁断を行なっている（『法運通塞志』第一七）。ここには、隋・唐仏教からの影響が考えられよう。

③には、先の天武天皇四年の法令もふくまれるが、他に延暦十九年（八〇〇）二月三日の「漁竭池水《ぎょかつちすい》」の禁止（『類聚三代格』）、弘仁十年（八一九）十二月六日の「乾池捕魚」の禁止（『日本後紀』）、元慶六年（八八二）六月三日の「流毒捕魚」の禁止（『類聚三代格』、『日本三代実録』）などがあげられる。前のふたつは池を干しあげ、のこった魚を捕らえる方法、三つめは河川湖沼に毒を流す方法である。ここに見える漁法は、先の『金光明最勝王経』長者子流水品にあらわれたものと似かよっている。先にあげた天武天皇四年（六七五）の発令でも、簗による漁撈が禁止されていた。こうした漁法の禁止は、大量に捕らえ

られる魚類に対して、天皇が慈悲を発揮する機会と見なされたのであろう。

民俗と仏教

ところで、三つめの「流毒捕魚」は、日本民俗学において「毒漁」「毒流し漁」「アメ流し」とよばれる漁法である。これはたしかに、魚類を根絶やしにしてしまう危険性をもっている。その点では、一種の酷漁であろう。しかし、民衆の世界における毒漁は、また違った意味をもったらしい。先にあげた史料では、「諸国の百姓は、毎年夏に毒のある木の皮をはぎ、それをつき砕いて河川に入れ、多くの魚を捕らえる」といわれている。どうやら、夏季に一度だけ行なわれる年中行事だったようである。

現代ではほとんど見られなくなったが、かつては夏の七夕・土用・盆などの時期に、池や川の水をせきとめ、村中が総出で淡水魚を捕らえる行事があった。さらにその際、胡桃《くるみ》・柿・山椒・蓼《たで》などをすりつぶし、灰とまぜて水に投げこむ技術も見られた。人間にとってはどうということもないが、これらの植物の汁は、魚類や昆虫にとってつよい神経毒になる。奈良県吉野地方では、これを「ムラナガシ」とよんでいた。まさに、村の年中行事だったのである。おそらく、夏の農作業につかれた人々が、動物性タンパク質を得る貴重な機会だったのであろう。年に一度の行事であるから、資源の枯渇につながるものではない。民衆のがわでも、それは自制していたであろう。こうした素朴な民俗的世界に対して、古代の仏教は、すこしずつ規制をくわえはじめたのである。

国家のがわの配慮

古代における殺生禁断と放生の発令に際しては、国家のがわからする興味深い配慮が見られる。天平勝宝四年(七五二)正月三日の殺生禁断の際には「漁を以て業と為し、生存することを得ざる者は、其《そ》の人数に随《したが》い、日別に籾《もみ》二升を給《たま》う」といわれている(『続日本紀』)。正月から年末まで殺生が禁じられたのだが、漁撈を専業とするため生活できない者については、人数を把握して国・郡の役所から一日二升の籾をあたえるという。おなじく、大同四年(八〇九)四月二十八日には「其の浜水《ひんすい》の百姓、漁を以て業と為すは、量《はか》りて粮《りょう》を給う」(『類聚国史』)、同五年七月二十六日には「其の白水郎《あま》、漁を以て業と為すは、粮を給う」(同前)とされている。

律令の大原則を考えてみると、全国の人民は戸籍に登録され、口分田《くぶんでん》をあたえられる農民だったはずである。しかし、ここでは漁撈を専門とする者が、全国でもかなりの数にのぼったことがわかる。先に述べたことをあわせ考えると、そのうちの大多数は、中央に贄を献上する人々であったと思われる。特に、三つめの「白水郎」については明確であろう。これは「あま」と読み、別に「海部」「海人」の字をあてることができる。近畿地方の場合は、日常的に天皇に贄を献上していた人々である。彼らは九世紀以降、「御厨《みくりや》」という集団として把握され、内膳司《ないぜんし》や御厨子所《みずしどころ》といった役所に配属された。

殺生禁断の期間中、こうした人々は漁撈を行なうことができない。専業度が高いため、彼らには一種の休業補償があたえられた。一方、贄が献上されなければ、当然ながら天皇も魚貝類を口にすることができない。これは、天皇みずからが率先して精進潔斎することを意味しているだろう。古代における殺生禁断は、つねにこうした人々への配慮と、天皇による精進潔斎をともなっていたのである。

一方の放生についても、同様な傾向が指摘できる。くり返しになるが、放生とは捕らえられた生類を放ってやる行為である。具体的には、捕らえられた生類を大量に買いとり、これを儀礼的に放つという行事になる。しかし、その大量の生類は、そもそも先の漁民集団から買いとった可能性が高いのではないだろうか。天平宝字三年（七五九）における諸国「放生田」の設置は、それをしめすもののように思われる（『続日本紀』）。つまり、その水田からあがる収益によって、漁撈を専門とする人々から、魚貝を買いとったと考えられるのである。これは国家にとって、もっとも効率が良い方法であろう。とすれば、これもまた、国家のがわからの漁民への配慮であると考えられる。

八幡宮放生会の成立

放生の理念を強調した神社儀礼として、八幡宮放生会《はちまんぐうほうじょうえ》の存在は著名である。現在、放生会といえば、鶴岡八幡宮の流鏑馬《やぶさめ》神事がよく知られているが、かつては魚鳥を放つ行事（放生）の方に重きがあった。全国に数多く存在する八幡宮は、豊前《ぶぜん》の宇佐八幡宮（大分県宇佐市）にその起源をもつ。宇佐八幡宮はもともと、この地域の豪族であった宇佐氏がまつっていた神で、奈良時代には朝廷のがわからも注目され、国家的にも重要な神社となった。神社には弥勒寺（神宮寺）も存在し、時期的にはもっとも早く神仏習合がすすんだ寺社のひとつとされている。同宮では、二季彼岸（二月十五日・八月十五日）の放生会が中心的な行事となっていた。

放生会のはじまりがいつであるかは、はっきりとはわかっていない。述べられる史料の違いによって、大きく養老四年（七二〇）説と神亀元年（七二四）説にわけられるが、ここでは深くたち入らず、あくまで行事の意味について見ておきたい。

いずれの史料にしても、養老四年の大隅《おおすみ》・日向《ひゅうが》国の隼人《はやと》の反乱が、大きな画期とされている。乱に際して、豊前国司の宇努首男人《うののおびとおひと》が将軍、禰宜《ねぎ》（神官）の辛島勝波豆米《からしますぐりのはとめ》が御杖人《おんつえひと》（補佐）となり、隼人を征討した。そののち、宇佐の神は「多くの隼人を殺したため、その滅罪として一年二度の放生会を行ないたい」と託宣したという。これにより、放生会が恒例となったとされるが、竹園賢了氏・中野幡能氏によれば、ことはそう単純ではないという。放生会の儀礼そのものは、豊前国内の諸集団が宇佐郡和間浜にのぼり、宇佐宮に銅鏡を奉納するという行為に重きがある。放生の行為はその際、和間浜で僧侶がとり行なうもので、中核的なものではない。順序としては、原始の銅鏡奉納儀礼が先にあり、中国天台宗などの影響によって放生儀礼がつけくわえられたと見るのが良いようである。滅罪としての放生会の成立というのは、あくまで後世の解釈である可能性が高い。

ただ、そうであるにしても、国家のがわは、滅罪という放生会の趣旨を珍重したようである。九世紀のなかば、八幡神が石清水に勧請《かんじょう》されると、ここでも放生会が行なわれるようになった。石清水八幡宮は国家的宗廟《そうびょう》（神社）となり、六斎日《ろくさいじつ》および二季彼岸放生会の前後、全国的に殺生が禁断されることになったのである。やがて、放生会の成立は神《じん》功《ぐう》皇后による三韓《さんかん》征伐（朝鮮半島遠征）における戦死者供養とむすびつけて語られるようになり、八幡神は軍神および戦争滅罪の性格をもつようになる。放生は、国家的滅罪の役割をもつようになるが、それは結果として、戦争という殺生行為を浄化するはたらきをもつようになったともいえる。日常的なレベルでいうと、殺生の罪業は、一定期間における放生によって、滅罪されるということではないだろうか。

以上から、古代における殺生禁断および放生の特質が見えてきたように思う。以下に、列記していこう。

古代における殺生禁断と放生の特質

第一に、それが天皇を頂点とする国家の成立と深くむすびついていた点である。日本の古代国家は、圧倒的な文明の象徴として、中国大陸・朝鮮半島から仏教をとり入れた。仏教における戒律は、すでに儒教思想と融合しており、それをまもること自体が、理想的な君主の義務とされた。天皇みずからが、仏教者たることをもとめられたのである。天皇の権力・権威を高め、国家的仏事を安全にとり行なうため、殺生禁断と放生が実施された。それは天皇が率先《そっせん》する、国家的な精進潔斎でもあった。

第二に、遂行する際の問題である。殺生禁断は永続的なものではなく、国家的仏事にのぞんで、あくまで時期を限定して発令された。特に殺生をつよい罪業と見なしたわけではなく、時期が過ぎれば、禁断は解除されたのである。また、その期間中、特に漁撈を専門とする人々には、期間中の食料の給付、漁獲物の買いとりなど、一定の配慮がなされた。これも、後世における殺生の罪業視からはほど遠い姿であろう。

大きく見て、古代国家による殺生への対応は、きわめて柔軟であるといえる。その前提として、狩猟・漁撈という生業の広い展開、特に天皇とのつよいむすびつきがあげられる。

古代において、戒律と儒教思想は融合していたが、天皇は生類に対するのとおなじく、狩猟・漁撈を生業とする人々にも、慈悲心を発揮しなければならなかったということであろう。国家のがわは、そうした世界を簡単には切り捨てなかったのである。

一方、僧侶のがわが、殺生を罪業視していたのも事実である。古代において、僧侶による民間への布教は制限されていたが、それでも世俗に対し、「殺生行為によって、悪い報《むく》いをうける」という教えが説かれていたことは確認できる。日本初の仏教説話集である『日本霊異記《りょういき》』（九世紀初頭の成立）は、僧侶による説法のためのテキストと考えられているが、ここにはそうした殺生悪報・放生善報の説話がいくつも見えている。

捕らえられた亀を買いとって放生し、のちに亀に命を助けられた（上巻第七）、幼少から網で魚を捕らえていたため、体が燃えるという報いをうけた（上巻第一一）、生きた兎《うさぎ》の皮を剝いだため、皮膚がただれて死んだ（上巻第一六）、漢神《からかみ》の祭りに牛を殺してそなえたため、現世で悪報をうけたが、放生を行なっていたので、地獄をまぬがれた（中巻第五）、蟹《かに》と蛙《かえる》を助けたため、のちに難をのがれた（中巻第八・第一二）、つねに鶏卵《けいらん》を食べていたため、足が焼けただれて死んだ（中巻第一〇）、僧侶に布施《ふせ》をしなかったため、悪報をうけたが、放生を行なっていたので、死をまぬがれた（中巻第一六）、などがあげられる。殺生が悪報をまねくのに対し、放生は善報をまねくと考えられていたようである。

殺生はしたが、一方で善行をつんでいたため、最終的な悪報はまぬがれたとする説話は注目される。この他、下巻第二五は、紀伊国の漁師が難破・漂流した際、釈迦の名号《みようごう》をとなえたために一命をとりとめたという筋になっている。漁撈の罪は、仏の名号をとなえることで消失したのであり、ここでは現世での善行と悪行のバランスこそが重要である。つまり、狩猟・漁撈という殺生行為は、それだけで地獄に堕ちる直接の要因とはならなかった。国家的な法令とあわせ考えると、殺生への罪業観（殺生堕地獄《だじごく》観）が、絶対的なものとして世俗にうけとめられるには、まだ多くの時間がかかったように思われる。

では、ここから中世の殺生罪業観への変化とは、どのようなものであろうか。結論を先にいうと、それは浄土教における地獄・極楽の観念の成立とつよくむすびついているようである。そして、浄土教（天台浄土教）の成立は、中世仏教の成立をしめす重要な指標とも見られている。それについては、章をあらためて考えてみたい。

中世のはじまりと殺生罪業観

地獄と極楽

一〇世紀における転換

日本暦の延喜七年（九〇七）、中国大陸では、唐が滅亡するという大きな動きがあった。この直後、黄河流域には後梁《ごりょう》、北方に契丹《きったん》、南方に呉越《ごえつ》などの国がおこる。朝鮮半島では、九一八年に高麗《こうらい》がおこり、九三五年に新羅《しらぎ》をほろぼし、翌九三六年に朝鮮半島を統一した。中国では五つの王朝交代を経たのち、九六〇年に後周《ごしゅう》がほろびて北宋《ほくそう》がおこり、九七八年に呉越を服属させ、翌九七九年に中国を統一した。

正式な外交ではないものの、この時期の対外関係をにぎっていたのは藤原摂関家であり、彼らは東アジアの激動に応じ、さかんに国際情勢をさぐっていた。彼らは早くから呉越国と交流をはじめ、天台宗を重視する政策についても模倣を心がけた。いまだ仏教は文明の象徴であり、国家政策のなかでも重要な柱だったのである。上川通夫氏によれば、摂関家は、北宋の首都開封《かいふう》（現・河南省開封市）におけるインド風仏教とは一線を画すべく、積極的に天台宗を重視する政策をすすめたという。これは高麗への対抗策でもあり、こうしたなかで特に摂関家が保護したのが、天台浄土教であった。

天台浄土教の展開

天台浄土教は、浄土三部経（『無量寿経』『観無量寿経』『阿弥陀経』）をもととして、阿弥陀如来の極楽浄土に往生するための教えと修行である。

中国には二世紀後半ごろに関係する経典がつたえられ、日本にも七世紀後半には阿弥陀如来に対する信仰がつたえられた。やがて、唐代には善導（六一三〜六八一年）が『観無量寿経疏《そ》』をあらわし、従来の観想念仏（阿弥陀如来を思いうかべる修行）よりも、称名《しょうみょう》念仏（阿弥陀如来の名をとなえる修行）が重要であると論じた。しかし、これは、中国における浄土教の主流とはならなかったようである。

一方、日本では仁寿元年（八五一）、唐から帰国した円仁（七九四〜八六四年）が、比叡山の東塔に称名念仏を行なうための常行三昧《ざんまい》堂を建立した。これは、中国五台山などで行なわれていた五会《ごえ》念仏を移入したもので、声明《しょうみょう》という独特の旋律で念仏する作法である。天元四年（九八一）には、良源（九一二～九八五年）も横川《よかわ》に常行三昧堂を建立し、この地がやがて天台浄土教の中心地となっていく。こうした前提をもつ浄土教をさらに体系化したのが、源信（九四二～一〇一七年）である。ただし、この段階でもまだ、観想念仏の方に重きが置かれていたようで、称名念仏が修行として本格化するのは、法然（一一三三～一二一二年）による専修《せんじゅ》念仏の提唱、早く見つもっても三論宗の永観《ようかん》（一〇三三～一一一一年）の著作『往生拾因《じゅういん》』の成立（一一〇三年前後）頃と見られている。

『往生要集』の世界

源信は先にあげた良源の弟子で、比叡山横川の恵心《えしん》院で修行していたことから、恵心僧都《そうず》ともよばれる。彼は、永観二年（九八四）に師の良源が病で危篤となったのをきっかけに、『往生要集』の執筆にとりかかったらしい。この書物の成立は、日本における天台浄土教の本格的な成立をしめすといわれる。

源信は、すでに世が「末法」「末代」に近づいていることに大きな危機感をいだき、「末代の衆生」は、従来のような修行で往生することはできず、ひたすら阿弥陀如来にすがるしかないと力説する。その実践として、寛和二年（九八六）には横川の首楞厳院《しゅりょうごんいん》で二五人の僧侶をあつめ、二十五三昧会《にじゅうござんまいえ》という念仏結社をつくった。これは念仏の他、光明真言などの密教の修行もとりいれ、同輩が死にのぞんだ際に、相互に助けあって極楽往生をとげさせることを目的としていた。従来、僧侶が積極的に葬祭にかかわることは忌避されていたが、この結社においては同輩の葬祭から死後の供養にいたる作法が述べられている。この「死」および「死後の世界」を重視するのが、『往生要集』の大きな特徴でもある。

この著作は、上・中・下の三巻からなる（六巻にわけて考える場合もある）。上巻の大文第一という部分の主題は「厭離穢土《おんりえど》（この世や輪廻転生《りんねてんしょう》から解脱《げだつ》すること）」であり、ここに地獄・餓鬼・畜生・阿修羅・人間・天人の六道《りくどう》が解説されている。大文第二からの主題は「欣求浄土《ごんぐじょうど》（極楽浄土への往生をもとめること）」であり、そのための信心や修行のあり方が説かれている。特に地獄の描写は強烈であり、これを冒頭に置いたことには、それなりの意図があったと見るべきであろう。

地獄のすがた

源信は主として、『大智度論』巻一六、『瑜伽論《ゆが》』巻四、『諸経要集』巻一八、『正法念処経《しょうぼうねんじょきょう》』巻五〜一五などによって、地獄のすがたを具体的にえがいている。

まず地獄には八種類があり、これを八大地獄とよぶ。その内訳は、等活《とうかつ》、黒縄《こくじょう》、衆合《しゅうごう》、叫喚《きょうかん》、大叫喚、焦熱《しょうねつ》、大焦熱、無間《むげん》である。これにくわえて、「八寒地獄」があるとも述べるが、『往生要集』ではその描写を省略している。

最初の等活地獄は、つぎのことばからはじまる（石田瑞麿校注『日本思想大系六　源信』〈岩波書店、一九七〇年〉の訓読文によった。以下、現代仮名づかいになおし、また読解の便宜のために句読点を書きかえた部分がある）。

　等活地獄とは、この閻浮提《えんぶだい》の下、一千由旬《ゆじゅん》にあり。縦広《たてひろ》一万由旬なり、

閻浮提とは、仏教的世界観にいう四大洲（四大陸）の一つで、須弥山《しゅみせん》という高大な山の南方に位置する。したがって、南閻浮提洲《なんえんぶだいしゅう》や南贍部洲《なんせんぶしゅう》ともいう。一般には、この大陸が人間の住む世界とされている（他の三大陸は、東勝神洲・西牛貨洲《ざいごかしゅう》・北倶盧洲《ほっくるしゅう》）。

最初の等活地獄は、閻浮提の地下一〇〇〇由旬にあり、面積は一万由旬四方だという。由旬はインドにおける長さの単位で、約一四・四キロである。額面どおりにうけとれば、等活地獄は地下一万四〇〇〇キロほどのところにあることになる（ちなみに地球の直径が、約一万三〇〇〇キロ）。この等活地獄の下に、黒縄地獄から無間地獄までが順々に位置するという。さらに、それぞれの地獄に付属する場所として、「十六の別処」つまり小地獄がある。すると、その数は一二八、八大地獄とあわせれば、合計一三六の地獄があることになる。つぎに、それぞれの地獄の概要を見てみよう。

一、等活地獄　――　殺生をした者が堕《お》ちる。ここからのがれるために要する年数は、次のようにしるされる。「人間の五十年を以て、四天王天の一日一夜となして、その寿《よわい》五百歳なり。四天王天の寿を以て、この地獄の一日一夜となして、その寿五百歳なり」。四天王天は、四天王たちが住む世界のことで、この世界の一日一夜は人間の世界の五〇年にあたり、四天王たちの寿命は五〇〇年であるという。さらに等活地獄の一日一夜が、四天王天の五〇〇年にあたり、この地獄における罪人の寿命、いわば刑期は五〇〇年であるという。これも額面どおりにうけとれば、一兆六〇〇〇億年あまりになる（現実の宇宙の誕生が、約一三八億年前）。さらに、等活以下の地獄で罪人が過ごす時間はさらにのびていき、苦痛の度も倍増していくという。

二、黒縄地獄　――　殺生・偸盗《ちゅうとう》をした者が堕ちる。

三、衆合地獄　――　殺生・偸盗・邪婬《じゃいん》をした者が堕ちる。

四、叫喚地獄　――　殺生・偸盗・邪婬・飲酒《おんじゅ》をした者が堕ちる。

五、大叫喚地獄　――　殺生・偸盗・邪婬・飲酒・妄語《もうご》をした者が堕ちる。

六、焦熱地獄　――　殺生・偸盗・邪婬・飲酒・妄語・邪見をした者が堕ちる。

七、大焦熱地獄　――　殺生・偸盗・邪婬・飲酒・妄語・邪見をした者、および尼を犯した者が堕ちる。

八、無間地獄 ― 五逆罪（父を殺す、母を殺す、僧侶を殺す、仏となった者を殺す、僧団の和合を乱す）を犯した者、大乗仏教を誹謗《ひぼう》した者、四重戒（殺生・偸盗・邪婬・妄語）を犯した者、信者に嘘をつき、布施をうけて食べた者が堕ちる。

興味深いのは、すべての地獄について、そこに堕ちる条件が「殺生」であるという点である。以下、無間地獄にいたるまでは、これに破戒の罪をひとつずつ足した段階的なかたちになっている。現代人が考えるように、たとえば飲酒や妄語という「軽そうな罪」からはじまるのではなく、まずは殺生という第一重戒が基本要件となっているのである。別な見方をすると、「偸盗だけによる堕地獄」「飲酒だけによる堕地獄」などが存在しない。現代的な量刑の感覚とは、かなり違った裁定がなされているようである。もともと殺生戒は「人を殺すこと」のいましめであったが、源信においてはそれが「生類の命をうばうこと」と明確にうけとめられ、その罪業が過度に強調されているように見える。

殺生と地獄

先に述べた各一六ヵ所の小地獄については煩雑になるので、等活地獄の場合のみ紹介しておこう。その内訳は、屎泥処《しでいしょ》・刀輪処・瓮熟処《がじゅくしょ》・多苦処・闇冥処《えんめいしょ》・不喜処・衆病処・両鉄処（雨鉄処とも）・悪杖処・為黒色鼠狼処《いこくしょくそろうしょ》・為異異廻転《てん》処・苦逼《くひつ》処・為鉢頭摩鬘《いはつずままん》処・陂池《はち》処・為空中受苦《いくうちゅうじゅく》処となっている。字面から責め苦の内容を想像できるものもあるが、梵《ぼん》語の音訳と思われるものもあり、理解に苦しむものもある。実際に源信もすべてを紹介しているわけではなく、数ヵ所を摘出するにとどめている。

こうした地獄における責め苦については、興味深い特徴がある。等活地獄では、この中の罪人は、互いに常に害心を懐《いだ》けり。もし、たまたま相《あい》見れば、猟者の鹿に逢《あ》えるが如し。おのおの鉄爪《てっそう》を以て互いに劚《つか》み裂《さ》く。血肉すでに尽きて、ただ残骨のみあり。或いは獄卒、手に鉄杖・鉄棒を執《と》り、頭より足に至るまで、遍《あまね》く皆打ち築《きず》くに身体破れ砕くること、猶沙揣《なおさたん》の如し。或いは極めて利《と》き刀を以て分々に肉を割《さ》くこと、厨者《ちゅうしゃ》の魚肉を屠《ほふ》るが如し、

とある。罪人どうしが互いに殺しあうさまは「猟者が鹿にあった時のよう」であり、また獄卒が罪人の身を刀できざむのは「厨者（料理人）が魚肉をさばくかのよう」だというのである。このように肉体が切りきざまれたとしても、罪人はふたたびもとのようによみがえる。そして、先に述べた長い時間、おなじような責め苦をうけるのである。

さらに、この地獄の十六別処については、つぎのような責め苦がある。

屎尿処　―　罪人は極熱の糞尿《ふんにょう》の中に入れられ、その糞尿を食べなければならない。糞尿の中には、金剛の嘴《くちばし》をもつ虫がおり、罪人の体を内外からむしばんでいく。この地獄には、鹿や鳥を殺した者が堕ちる。

刀輪処　―　猛火や刃が雨のように降ってくる。この地獄には、物をむさぼって殺生をした者が堕ちる。

瓮熟処　―　罪人は瓮《もたい》（瓶《かめ》）の中に入れられ、熱で煎られる。この地獄には、生類を殺して煮て食べた者が堕ちる。

闇冥処　―　暗闇の中で刃のような熱風に吹かれる。この地獄には、羊を窒息させたり、亀を瓦でつぶしたりした者が堕ちる。

不喜処　―　極熱の嘴をもつ鳥・犬・狐や虫に全身をついばまれる。この地獄には「貝を吹き、鼓《つづみ》を打ち、畏《おそ》るべき声を作《な》して鳥獣を殺害せる者」が堕ちる。

一見して、狩猟・漁撈を行なう人々を念頭に置いていることがわかる。特に、不喜処の「法螺貝を吹き、鼓を打ち、大きな声で鳥獣を追いたてて殺す者」については、現実の狩猟のありさまに取材したものであろう。狩猟・漁撈者がこれらの地獄に堕ちたのちは、生前の生類に対する行為を、ひるがえってみずからの身にうけるのである。

図３　解身地獄（「地獄草紙」より，MIHO MUSEUM 所蔵）

自業自得

この『往生要集』における地獄の描写は、のちの浄土教美術に大きな影響をあたえたようである。特に地獄絵や六道絵とよばれる絵画には、その影響がつよい。

「北野天神縁起」巻七（『続日本の絵巻』一五）の地獄道の場面においては、獄卒である鬼が弓矢で罪人を射、その肉を串焼きにする場面がえがかれている。同巻八の畜生道の部分では、豹・虎・兎などに転生した罪人が弓・槍で殺され、その肉を串焼きにされるさまが見える。また、「地獄草紙」（『日本の絵巻』七）には「剥肉《はくにく》地獄」として、鬼が包丁で罪人の皮を剝ぐようすがえがかれている。これらの描写には、先の等活地獄の影響がつよいようである。さらに、ここにおける獄卒の行為は、現実の殺生者の行為から取材したものと思

図４　魚を調理する漁師

まわりにさまざまな漁具が見える（「彦火々出見尊絵巻」より，明通寺所蔵）

われる。「粉河寺縁起」（『日本の絵巻』五）には、紀伊国における猟師の家の場面がえがかれるが、そこでは、まな板と箸《はし》で獣肉をきざんで干《ほし》肉や串刺肉をつくり、また獣皮を剝いでなめす情景が見えている。地獄は、まさに「自業自得」の世界なのである。

　これは漁撈の分野でも同様であり、先にあげた「北野天神縁起」巻七、あるいは「地獄草紙」の「解身《げしん》地獄」では、まな板・包丁・魚箸《まなはし》によって膾《なます》（刺身）に調理される罪人の姿を見ることができる。これと対応するのが、「彦《ひこ》火《ほ》々《ほ》出見《でみの》尊《みこと》絵巻」（『続日本の絵巻』一九）巻一・巻四における、まな板・包丁・魚箸で魚を調理する漁民の姿であろう。

地獄絵・六道絵の絵師たちは、狩猟・漁撈者にとってもっとも身近である狩猟・漁撈具や調理具を、地獄の責め具としてえがいた。等活地獄を代表とする「殺生者の地獄」は、生前の生類への行為を、捕獲から調理の段階にまでわたってうけるものであった。

これらは寺院の壁画などにえがかれ、僧侶による解説（絵解き）を聞きながら、民衆が目にすることもあったろう。こうした演出装置は、彼らに対して堕地獄《だじごく》の恐怖をあおる手段として、有効なものであったと考えられる。

階層的な浄土

以上の論理をまともにうけとれば、狩猟・漁撈者はひとり残らず地獄に堕ちてしまうかのように思える。ところが、そう単純ではないようなのである。

摂関期の貴族で、源信とも親交のあった慶滋保胤《よししげのやすたね》（?～一〇〇二年）には、日本初の往生伝として『日本往生極楽記』という著作がある。これ以降、多くの往生伝がしるされるようになるが、それらの説話には一定の傾向がある。特に『大日本国法華経験記《げんき》』やそののちの説話文学に顕著なのであるが、それは「地獄に堕ちるはずの殺生者でも、何らかの善行《ぜんぎょう》によってそれをまぬがれる」という点である。この傾向は、『日本霊異記』に見られた「善行と悪行のバランス」より、好意的であるといえるかもしれない。

源信『往生要集』の世界とは矛盾するようだが、極楽浄土にも「殺生者が往生できる浄土」というものがあった。地獄とおなじように浄土もまた階的であり、『観無量寿経』では、上・中・下品《ぼん》と上・中・下生《しょう》とを組みあわせ、九種類の浄土（九品九生《くぼんくしょう》の浄土）を説明する。これらは絵画としてもえがかれ、これを浄土変相や浄土曼荼羅とよんでいる。そのバリエーションのひとつとして、宇治平等院鳳凰堂の壁扉画《へきひ》があげられる。

浄土教の影響をつよくうけた藤原頼通（九九二〜一〇七四年）は、鳳凰堂の本尊阿弥陀如来をめぐる壁扉画に、九品九生の浄土をえがかせた。注目されるのは、本尊むかって左前の下品中生の部分にえがかれた、宇治川の網代《あじろ》の風景である。網代とは、前章にあげたヤナ漁のことであり、『金光明最勝王経』長者子流水品にもしるされた漁法である。中国天台宗の実質的開祖である智顗《ちぎ》も、天台山麓の「江滬渓梁《こうこけいりよう》」六十余ヵ所を禁止したといわれている（『天台霊応図』）。ヤナ漁は、伝統的に殺生行為の代表格と見なされたのであり、宇治川の網代は日本史上、殺生禁断の気運がもりあがるたびに、問題とされる漁法である。

壁扉画には、本来ならば九種類の浄土がえがかれるはずだが、ここには中品下生という浄土が存在しない。冨島義幸氏によれば、藤原頼通にとって往生すべき浄土が中品下生であり、鳳凰堂内部の空間は、自身がそこに往生することを実感する装置であったらしい。その扉壁画の一部に、網代で鮎を捕らえる光景がえがかれたのだが、これは頼通の思考にとって重要な意味をもつ。実のところ、宇治川の網代によって漁撈を行なう「村君《むらぎみ》（古代語で漁師のこと）」という集団は、摂関家とその氏神である春日社に鮎を貢納しており、藤原氏にとって、殺生の罪はけっして他人ごとではなかった。殺生についての罪業の意識は、藤原氏の内面にも深く影響していたのである。頼通は、間接的に殺生を行なう自己の罪業を意識する一方、阿弥陀如来への信仰によって、中品下生の浄土を実感したのだろう。

網代の漁人であっても、下品中生という浄土に往生できる、という点は重要である。先にも述べたように、往生伝や説話文学には、殺生者が簡単な善行によって往生できたとする話が多く見られる。つまり、すでに浄土教において、悪人往生の論理はそなわっていることになる。とすると、地獄の観念は、むしろ人々の畏怖をあおり、浄土を渇望させるための手段と考えることができる。源信『往生要集』が地獄の描写を冒頭に置いたのもまた、それをねらってのことであろう。「殺生の罪を犯せば地獄に堕ちる」という観念はあるが、それでも「人々は段階化された浄土のいずれかに往生できる」という逃げ道が用意されている。堕地獄のハードルは、いくらでも下げることができるのである。

しかし、狩猟・漁撈を行なう人々を、「念仏などの簡単な善行しかできない下等な存在」と位置づける点は注目される。彼らを宗教的に差別視することで、より上位の階層の人々は自己の往生を確信しえたであろう。浄土教において、殺生者は「人々を仏教的善行にむかわせるための、一種の踏み台」として位置づけられたのである。

白河上皇による「殺生禁断」策

つづく東アジアの激動

一一世紀以降も、東アジア諸国では激動がつづいていた。一〇一九年には、満州の女真族《じょしん》が壱岐《いき》・対馬《つしま》・筑前国《ちくぜん》などを襲った。大宰権帥《だざいのごんのそち》藤原隆家の活躍で、撃退に成功するが、日本はふたたび東アジア諸国への対応をせまられることとなる。

中国の北方では、諸民族が勢力をのばしてきており、右の女真族も一一一五年には金を建国した。一〇八〇年代には、朝鮮半島の高麗により、北宋・日本および北方の遼とのあいだで、経典の輸出入など仏教を軸とした外交が推進された。一一二五年、金の攻撃によって西夏《せいか》が服属し、さらに遼が滅亡、翌一一二六年には高麗が金に服属する。さらに金は北宋を攻め、首都開封をふくむ華北地域をうばう。一一二七年に北宋は、南の臨安《りんあん》（現・浙江《せっこう》省杭州市）に都をうつして南宋となった。こうした時期に、従来の摂関家をおさえて政権をとったのが、白河上皇（一〇五三～一一二九年）であった。摂関家とおなじく、その政策には、対外関係をふまえた仏教的な色彩がつよいといわれている。

後三条天皇の登場

白河上皇による政治、すなわち院政の前提について、基本的なことがらを説明しておこう。まず一一世紀のなかば、宇多天皇（八六七～九三一年）以来、一七〇年ぶりに藤原氏を外戚《がいせき》（外祖父）としない後三条天皇（一〇三四～七三年）が誕生した（在位一〇六八～七三年）。兄の後冷泉天皇に男子がなかったという偶然もあるが、即位した後三条天皇は、従来から組織していた有能な近臣集団を利用して、さまざまな政策を行なった。特に「延久の荘園整理令」は著名であり、増加しつつあった荘園をおさえ、朝廷および天皇家の経済の回復をはかったものといわれている。

贄の停止

後三条天皇の即位の翌年、延久元年（一〇六九）には藤原頼通によって、宇治平等院における一切経会《いっさいきょうえ》が大規模に行なわれた。永承七年（一〇五二）は、末法《まっぽう》のはじまりとされた年であり、この年に頼通は宇治の別荘（宇治殿）を寺院にあらため、翌年に阿弥陀堂（鳳凰堂）を建立している。この時期、天台浄土教と末法思想はますます伸長していく過程にあったが、後三条天皇においてもその影響はうかがわれる。

延久元年、天皇の命令によって内膳司《ないぜんし》の饌《せん》（食事）、諸国御厨子所《みずしどころ》および後院《こういん》（譲位後の天皇の隠居所。冷泉院と朱雀院）の贄が停止された。内膳司は天皇へ食事をすすめる役所であり、その配下には諸国の御厨《みくりや》という漁民集団があった。御厨子所も天皇に食事をすめる役所であり、蔵人所《くろうどどころ》と内膳司の両者がかかわり、おなじく御厨を管理していた。これらの饌・贄が停止されたのは、天皇によって何らかの精進潔斎が行なわれたからであろう。しかし、これは一時的なものではなかったようで、翌二年には近江国筑摩《つかま》御厨が廃止され、近江国日次御贄《ひなみのおんにえ》（漁民による毎日交替制での贄の献上）の制度、および播磨国高砂《たかさごの》御厨も廃止されている（『帝王編年記』巻一八）。天皇は、古代以来つづけられてきた漁民集団による魚貝類の献上を廃止したのである。いわば天皇による精進潔斎と殺生禁断策であるが、それが恒久的なものになった点に、古代との違いをみとめることができる。

八年後の承暦二年（一〇七八）、朝廷から賀茂神社へ、御厨子所の膳部《かしわでべ》（職員）六人が移管されている。これにより、御厨子所の配下にあった近江国の堅田《かただ》御厨や安曇川《あどがわ》御厨が、賀茂神社に所属するようになったと思われる。この他、先にあげた近江国筑摩御厨は日吉神社領、播磨国高砂御厨は住吉神社領として、後世の史料に見えている。とすると、これらの御厨は後三条天皇によって関係を断たれ、諸神社へ寄付されたのではないだろうか。つまり、漁撈という殺生行為は天皇によって罪業視され、忌避される一方で、その利益は積極的に神社へ移譲されたのである。とすると、神社による漁撈行為は免罪されたことになるが、実際その通りであり、古代においても神社は殺生禁断令の対象からはずされていた。この神社のもつ特権については、のちにくわしく述べよう。

白河上皇の登場

延久四年（一〇七二）十月、後三条天皇が貞仁親王に譲位した（白河天皇）。実のところ、これは中継ぎの天皇であって、後三条天皇の意志としては、すぐに次男の実仁親王を正統な後継者とするつもりであったという。次代の天皇を決める権限をにぎろうとした点で、後三条天皇を院政の先駆者とする意見もある。しかし、翌五年五月に本人が死去したため、このもくろみは結局、実現しなかった。

白河天皇は応徳二年（一〇八五）、兄の実仁親王が死去すると、翌年には長男の善仁《たるひと》親王を皇太子に立て、同日に譲位した（白河上皇・堀河天皇）。この際、あえて皇太子はさだめなかったが、これは実仁親王の同母弟である輔仁親王に皇位継承をみとめないことを周知する目的があったといわれている。以降、ほぼ四代にわたり、白河上皇は皇統を父子直系に固定することに成功した。天皇の直系の尊属親であることを唯一のうしろだてとし、皇位継承の決定権をにぎること。それによって、摂関家などの諸権力を圧倒し、専制権力として政治を行なうこと。これが、院政の中核である。

皇位継承の他、白河上皇は、寺社による朝廷への強訴《ごうそ》、神人《じにん》（神社の所属）・寄人《よりうど》（寺院の所属）・悪僧（おもに天台系の僧兵など）への対策などの問題に直面していた。前者は、寺社に対する天皇家の帰依《きえ》と表裏の問題であり、上皇や天皇個人が神仏への信仰を深めれば深めるほど、寺社の要求がエスカレートするという宿命を負っていた。後者もこれと関連深く、寺社に所属し、地方でさかんに経済活動を行なう神人・寄人・悪僧が、諸国の国司などと対立していた。地域開発や金融など、彼らの経済活動によって地方に荘園がつくられることもあり、それは一面で国家財政を圧迫する原因ともなった。上皇は、院近臣《いんのきんしん》とよばれる有能な貴族たち、あるいは検非違使《けびいし》や滝口・北面の武士などを利用することによって、こうした問題に高圧的に対処していった。

白河上皇の仏教政策

白河上皇による仏教政策は、仏教史上でも大きな画期をなすものであった。従来の天台重視にくわえ、新たに真言密教を重視した点は、上川通夫氏により、北宋だけでなく、遼や高麗の仏教を意識した結果と評価されている。

上皇の氏寺ともいえる法勝寺では、宗派にかたよることなく僧侶があつめられ、仏事が行なわれた。南都六宗（奈良時代以来の三論・成実《じょうじつ》・法相《ほっそう》・倶舎《くしゃ》・華厳《けごん》・律の教学）・天台・浄土教・密教が融合されることにより、「顕密仏教」とよばれる中世仏教の基本形が完成した。

寺院建築では、多くの寺院に層塔が建立された。上皇の御願寺である尊勝寺・法勝寺・円勝寺・最勝寺の他、鳥羽殿（鳥羽離宮）・仁和寺・春日社・下賀茂神社などの層塔建立が知られている。ミニチュアの小塔になると、その数は四四万基以上にのぼった。造仏もさかんに行なわれ、丈六（五メートル弱）から等身の仏像まで入れると四〇〇〇体ほど、三尺以下のものでは三〇〇〇体にのぼった（『中右記』大治四年七月十五日条）。さらに真言宗寺院を中心として、おびただしい修法《しゅほう》（祈禱）が行なわれ、それにまつわる聖教《しょうぎょう》（儀式書・記録）の作成に、上皇が深くかかわることもあった。

この時期の仏教は、上皇の権力が直接に影響し、そこに配下の諸権力が迎合しつつ、巨大さ、奇抜さ、多量さを生みだしていく熱狂状態にあった。特に、上皇が嘉保三年（一〇九六）に出家して法皇となると、その傾向は顕著となった。

法皇の殺生禁断策

法皇の晩年における殺生禁断策は、急進的かつ過激である。

大治三年（一一二八）十月二十二日付の白河法皇八幡一切経会供養願文（『続本朝文粋』）には、これ以前の法皇による善行として、七道諸国の漁具の禁止、一一ヵ国の「土産之魚類」すなわち贄の停止、漁網八八二三帖の焼却があげられている。この他、『百練抄』によると、法皇の命令により、鴨川で漁撈をした者が捕らえられた他、諸国魚網の焼却、鵜・鷹・犬の放生、宇治川の網代の破却などが行なわれたという。

これらの記録の内容は、けっして誇張ではない。『中右記』永久二年（一一一四）九月条によると、洛中で小鳥を飼う者が、検非違使によって放生を強制され、また殺生を行なう者、鳥を捕らえる者が逮捕された。同月の中旬には、やはり検非違使が派遣され、宇治川およびその上流にある田上《たなかみ》（瀬田川）の網代が破却された。

『長秋記』大治四年三月十五日条には、殺生行為への厳罰のさまをうかがわせる記事が見える。どうやら、近江国の延暦寺領荘園で、下司《げす》（荘園の役人）をつとめる法師が漁撈をしたらしいのだが、これを検非違使が逮捕して京都につれて来た。そして、別当（検非違使庁の長官）の申請によって法師の体を糸で縛りあげ、白河上皇と鳥羽上皇の前をさらし者として歩かせたという。「犯過《はんか》、軽し」ということはわかっているが、今後の違反をふせぐ見せしめにしたというのである。また、おなじく六月二十六日条によると、待賢門院璋子（鳥羽天皇の中宮）の安産を祈る供養の際、

西門の外において、魚網を被《かさ》ぬること墓積《ぼせき》の如し、使庁の下部《しもべ》ら、この事に預かる。煙炎、満盈《まんえい》し、苦熱、堪《た》え難し、

といわれている。魚網が山と積みあげられ、それが焼却された。ここでもやはり、使庁すなわち検非違使の人々が担当したのだが、魚網からあがる煙や炎は耐えがたいものであったという。まさに、異様な光景というべきだろう。

このように過激な殺生禁断策には、上皇の専権を目に見えるものとして世にしめすという意味もある。一方、上皇が世俗に対する伝道者となり、殺生戒を絶対化したことは、国家の臣民すべてを出家させようとした意志のあらわれと見ることもできる。この時期以降、説話文学などでは、上皇を釈迦の化身、天皇を仏典における「金輪聖王《こんりんしょうおう》」になぞらえる言説が増えてくる。また「天皇・上皇と仏教は互いに不可欠な存在であり、両者がならび立つことによって、ともに興隆する」という「王法仏法相依《そうい》論」もうまれていった。

国王は仏となり、国家の究極の存在理由が、あたかも仏教であるかのように粉飾されたのである。日本中世は仏教の時代であるといわれるが、白河上皇こそ、そこにいたる決定

的な一歩をすすめた存在であった。

宇治川の網代

平等院鳳凰堂の部分でも話題になった宇治川の網代は、白河上皇の殺生禁断策によって破壊された。この漁法およびそれをいとなむ漁民集団は、のちにも問題となるところなので、ここで簡略にその素性を紹介しておこう。

宇治川では、すでに奈良時代から、網代と鵜飼を複合的にいとなむ人々の存在が知られる。網代も鵜飼も、ともに夜間に篝火《かかりび》をたいて鮎を捕らえる漁法であった。その具体的なあり方は、「石山寺縁起絵巻」巻五（『日本の絵巻』一六）に見ることができる。Y字状にもうけた簗杭《やなぐい》（網代木）によって鮎を中央にみちびき、簀子《すのこ》にはねあがった鮎を手づかみで捕らえる漁民の姿がえがかれている。こうした漁法をいとなむ人々は、「網代人《あじろびと》」「網代守《もり》」、あるいはその住所によって「槙《まき》の島人」「槙島の村君」ともよばれた。「槙の島」「槙島」とは、宇治川が巨椋《おぐら》池に流れこむ中洲《なかす》状の島である。

平安京への遷都にともなって、山城国内の河川からも、生鮮魚介類を天皇に献上する必要が生じたようである。宇治川の漁民たちは、国司の指揮によって、内膳司をつうじて天皇に贄を献上する集団、すなわち御厨として把握されるようになった。

ところが、宇治川の網代は莫大な漁獲量をあげていたらしく、さまざまな主体が、魚貝類（特に鮎）の献上を望むようになった。確認できるだけでも、内膳司・御厨子所の他、先にあげた摂関家、あるいは賀茂・春日・松尾などの神社が、宇治川の網代から魚貝類の献上をうけていた。これらの主体は、権門勢家《けんもんせいけ》などとよばれる領主権力であった。

興味深いことに、宇治川の網代をいとなむ人々は、川の上流にさかのぼり、琵琶湖が流れだす瀬田川のあたりにも網代をもうけていた。網野善彦氏が早くに指摘したように、近江国佐久奈度《さくなたり》神社にも、「槇島の村君」が鮎を献上していたのである。

宇治川の網代は、いわば荘園の一種としてあつかわれたが、その利益は一本化されず、さまざまな領主に献上された。このように、ひとつの集団がさまざまな領主権力の配下に入ることを「諸方兼帯（兼属）」といっている。当然、これには領主のがわからの反対給付がある。一般的には、田畠の所有の保障、付近の水域における漁撈特権の保護などがあげられる。網代の漁民集団は、さまざまな領主から営業特権を得て、宇治川の鮎を優先的に捕らえていた。献上の余剰分は市場などで売却されたであろうから、宇治川の網代の漁民たちは、相当の利益を手にしていたのではないかと思われる。

神社と狩猟・漁撈

領主として神社の存在が目だつのは、古代における贄の性格がひきつがれているからである。前章にも述べたように、「贄」はもともと自然からあがる産物を、神に献上するものであった。その性格は古代をつうじて尊重され、殺生禁断令が発せられても、諸国の神社に献上される魚貝・禽獣のたぐいは禁止されなかった。さらに、古代末期までには、伊勢神宮・賀茂神社（上・下）などに対し、天皇とおなじように「御厨」の所有がゆるされるようになった。かつて後三条天皇が諸神社にみとめたように、こうした御厨は白河上皇の殺生禁断策によっても、容易に停止できないことがあったのである。『中右記』永久二年（一一一四）九月十四日・十五日条には、つぎのようにある。

十四日（中略）、蔵人弁《くろうどべん》、来《き》たりて云《い》わく、網代、早く破却せしむべし。検非違使有貞・経則等を差し遣《つか》わし、慥《たし》かに実検を加え、殺生を重ねて禁断すべし、てへり。但し、賀茂供御所《くごしょ》を除くべし、

十五日（中略）、蔵人を以《もっ》て奏《そう》して云わく、賀茂供御所を除くべし、てへり。然れば、斎院《さいいん》網代は如何《いかん》。諸社、又多しと云々は如何。仰せて云わく、免ぜらるる所々は如何。賀茂を除くべきか。帰家の後、有貞・経則を召し、宇治・田上網代を破るべきの由、仰せ了んぬ。但し、賀茂を除くべきの旨、仰せ含め了んぬ、又、殿下に申し了んぬ、

『中右記』の筆者である藤原宗忠は、この当時の検非違使庁別当その人であり、右の網

代破却はまさに彼の管轄になる。しかし、実行の段階では「賀茂供御所」すなわち賀茂神社に魚類を献上する網代は除外することになっていた。他にも賀茂神社の斎院（賀茂神社に派遣された皇女）の網代、「諸社」の網代などがあったらしい。白河上皇や藤原宗忠としてもためらうところはあったようだが、賀茂神社のものを除き、山城国宇治川の網代、近江国瀬田川の田上網代はすべて破却されることになった。

ここには、のちの領主権力による対応が、予定されているようにも見える。先にも述べたように、経典類に似かよった漁法がしるされたことから、宇治川の網代は、国家と仏教の関係が強調される機会ごとに破壊の対象とされる。網代は、国家による仏教保護をしめす「劇場」としての意味をもたされたのである。しかし、そうであっても、神社に所属する網代は破壊されなかった。ここに、国家による対応の難しさがある。

白河上皇といえども、仏教だけを重んじたわけではない。伊勢神宮や熊野神宮なども大々的に保護しているのだが、そのためには神社への収入の保障も必要となる。しかし、神社における「そなえもの（神饌《しんせん》）」は、しばしば魚貝・禽獣であった。くわえて、古代以来の例外規定や神仏習合・本地垂迹《ほんじすいじゃく》など神と仏のむすびつきがあれば、神社による狩猟・漁撈を禁止することはますます難しくなる。このことは、朝廷のがわからも、仏教のがわからも大きな問題となっていくのだが、それは次章以下でくわしく述べることとしよう。

寺院・神社による「殺生禁断」

中世民衆と狩猟・漁撈の世界

中世民衆の生活

古代から中世へと時代がうつるにつれ、農業生産力も発展していった。一一世紀には、溝や樋《とい》などの用水路を新造・修復し、数十町（数十ヘクタール）にのぼる荒野を開発した例も確認される。その背後には農具の発達があり、一二世紀前期には成立していた『今昔物語集』巻二六第一〇「土佐国妹兄、行住不知島語」には、「馬鍬《まぐわ》・辛鋤《からすき》・鎌・鍬《くわ》・斧・鐇《たつぎ》」などの鉄製農具が見えている。ひとつの土地に対して、種々の農具がもちいられたのであり、また「馬鍬」という農具の名称は、一三世紀に一般化する牛馬耕の存在を思わせる。河野通明氏によれば、馬鍬そのものはすでに五世紀、中国江南地方から伝来しており、それがこの時期、急速に広まっていったことが推測される。

さらに鎌倉中期までには、稲を刈りとったあとに麦を植える習慣、すなわち二毛作が確実に行なわれていた。早稲《わせ》・中稲《なかて》・晩稲《おくて》など、稲の品種も増加し、一年をつうじて稲作が可能な時季は確実にのびていった。こうした農業生産力の発展を積極的に評価し、中世の成立期を「大開墾の時代」とする意見も有力である。

一方、こうした生産力の発展は、民衆の意識にも一定の変化をあたえた。戸田芳実氏が早くから指摘したように、その変化とは「自然の象徴としての神に対する意識の変化」である。古代における神は、「祟《たた》る神」「怒る神」「理不尽なことを命じる神」という性格をもっていた。人間の意志は神につうじない一方、神からつたえられるのは理不尽な要求ばかりであって、人間はそれをあまんじて受けいれなければならなかった。

しかし、一〇世紀ごろから神はその性格を変化させ、「人間を守護する神」「人間の祈りのつうじる神」へとうつり変わっていく。神はしばしば自然の猛威の象徴であったが、この時代には、人間が自然に介入する度合をつよめる中で、神への怖《おそ》れが乗りこえられていったのであろう。その基盤のひとつに自然の開発、特に田畠の開発があり、農耕の喜びを高らかにうたいあげるような民謡のたぐいも記録されるようになった。

生活の場としての荘園

この時代、たしかに農業生産力は向上したが、それでもまだ、民衆生活における狩猟・漁撈の重要度がおとろえたわけではない。むしろ農業と狩猟・漁撈は、複合的に展開していたと見るべきだろう。こうした民衆の生業が展開する場を、ここでは「荘園《しょうえん》」であるとする。荘園とは、中央の有力な権力集団（権門）に対して、国家（朝廷）が所有をみとめた（国家的給付による）大土地所有のしくみである。荘園にならなかった公有地は「公領」とよばれるが、これとあわせて中世の土地制度を「荘園・公領制」とよぶことがある。実際には、公領の内部も荘園とおなじようなしくみをもつことが多いので、単に「荘園制」とすることもある。

全国の土地は、都市部でないかぎり、荘園または公領として分割されている。その広さは現在の市町村程度の面積であるが、場合によっては郡の範囲におよぶこともある。その内部には複数の集落がふくまれ、住人たちは、田畠における農耕の他、山野河海における狩猟・漁撈など、さまざまな生業をいとなんでいた。

荘園からあがる生産物は、年貢・公事として中央に送られる。その徴収と納入をうけ負うのが、現地の名主百姓とよばれる人々である。彼らは、荘園の役人である荘官たち（下《げ》司《す》・公文《くもん》・田所《たどころ》・図師《ずし》など）と協力して生産物を徴収・納入し、これを中央に送った。中央との連絡の最高責任者は預所《あずかりどころ》とよばれ、荘園領主の直属の部下であることが多い。荘園領主である権門は、そのほとんどが京都・奈良に居住していたから、全国の富はほぼその一極に集中した。荘園公領制は、いわば一極集中の経済構造であった。

民衆における生業複合

先にあげた『今昔物語集』巻二六第一〇の説話は、民衆の生業の実態をつたえるものとして興味深い。土佐国幡多《はた》郡の百姓が、自分の住む浦ばかりでなく、他の浦へも船で出張して、田畠を耕作していたという内容である。その居住地で「苗代《なわしろ》」をつくり、苗が植えられるぐらいになると、船にのせて出航する。その際には、「殖人《うえびと》（植人）」「殖女《うえめ》」をやとい、食物と農具をたずさえて他浦へわたるのだという。

浦という地形条件からして、そこは純粋な農村ではないだろう。百姓が船をもっていたということは、沿岸や沖での漁撈も行なわれていたということである。実際に若狭湾沿岸の荘園などでは、農耕と漁撈が複合的にいとなまれ、田畠や漁場が、集落から海をこえた遠方に存在することも珍しくなかった。おそらく、植物と動物の季節性や習性に応じて、生産の場を変えながら、資源を獲得していたのだろう。このように、ことなる生業が併存するありさまを、以下では「生業複合」とよぶことにしよう。

ここで、その生業複合のありさまを、少し具体的に見てみたい。いわゆる「平野部の農村」以外のものとして、瀬戸内海の島と山間の集落の事例を見よう。

島の例としてあげるのは、伊予国弓削島荘《ゆげしまのしょう》という荘園である。はじめは皇室領の荘園であったが、鎌倉前期に京都の東寺へ寄進（寄付）され、室町時代にいたるまで東寺領の荘園であった。この荘園の特徴は、年貢のほとんどを塩で納入していた点である。したがって、「塩の荘園」ともよばれることがある。

島のほとんどが山地であり、沿岸の狭い平地に集落が集中していたようである。その眼下、遠浅の浜地には塩田が広がり、揚浜《あげはま》式の製塩が行なわれていた。揚浜とは、塩田に何度も海水を撒《ま》き、塩分濃度を高めた砂をさらに海水で煮つめて塩をつくる方法である。関係する史料では「塩浜の習《ならい》、牛を以て博士《はかせ》となす（塩田での労働は、牛を重宝なものとする）」ともいわれており、牛も利用されていたことがわかる。こうして生産された塩が、中央に送られる主要な年貢となった。

しかし、年貢や公事として中央に送られた物品を見ると、製塩だけが生業ではなかったことがわかる。物品にはすくなくとも、干鯛・牡蠣《かき》・昆布・葛《くず》などがふくまれていた。鯛などの海水魚は釣漁・網漁、牡蠣・海藻は潜水漁や沿岸採集、野草・山草などは採集・栽培によるものと思われる。潜水漁は、現代でも見られる「海女《あま》」のように、女性が行なっていたのかもしれない。さらに、島内には田・麦畠・桑畠などがあった。稲作・麦作の他、養蚕による生糸の生産が行なわれていたのだろう。漁撈については、沖合の島に漁場があったことがわかっているので、最低でも船は必要であったと思われる。とすると、島内では木材伐採と加工によって、船もつくられていたことになる。

山間集落の例としては、近江国明王院葛川《みようおういんかつらがわ》をあげよう。ここは比良《ひら》山系の西、安曇《あど》川に沿った地域であり、天台宗の僧侶が修行する霊場・聖地と位置づけられていた。しかし、資源の豊富さからか、中世には人口が増加し、住人によるさまざまな生業が展開していた。この地域の住人たちは、隣接する伊香立荘《いかだちのしよう》の住人との間で、中世をつうじてしばしば争いを起こしている。土地の境界や、資源の獲得をめぐってのものである。この争いは、荘園領主である明王院（延暦寺の末寺）にもちこまれ、結果として現在、その際の裁判史料が大量にのこされることになった（『葛川明王院史料』）。

それらの史料によって、この地域における住人の生業を、具体的にとらえることができる。まず彼らは、日常的に猪・鹿・猿・熊・鳥・兎などを捕らえていた。その手段としては、弓射・ワナ・カスミ網などの狩猟法が考えられるだろう。また、釣漁・網漁・簗・毒流し漁によって淡水魚が捕らえられる他、焼畑による穀類、木材伐採と窯《かま》による薪炭《しんたん》、木材伐採と加工による川船など、さまざまな産物が見られる。これらの一部は、京都に運ばれて換金されることもあったらしい。中世において「平野部の農村よりも海村・山村の方が豊かであったかもしれない」といわれるのは、こうした事情によっている。

複雑な生業暦

ふたつの地域ではともに、農耕はもちろんのこと、環境に応じて漁撈・伐木《ばつぼく》などが行なわれており、加工・工芸についても高いレベルにある。けっして平地とはいえない環境を最大限に利用するかたちで、非農業生産が複合的にいとなまれているのである。これはさらに、いわゆる「平野部の農村」にも応用することができる。「平野部の農村」と思われている荘園でも、年貢・公事の品目として、米・麦以外の物品は多い。農耕と狩猟・漁撈は、やはり複合的に展開していたのである。つまり、中世において「純粋な農村」などはあり得なかった。安室知氏が指摘するように、水田そのものが淡水魚や水鳥の住みかであろうし、水田を舞台とした狩猟・漁撈もあり得たはずであろう。

こうした生業複合は、無計画に行なわれたものではあるまい。どの植物が、どこに、どの時季に実るのか。どの動物が、どこに、どの時季に繁殖・回遊するのか。ある期間、ある資源の獲得に対して、投入できる人手はどのくらいか。ある資源と別な資源の獲得について、どのように時間を配分すれば、最大限の利益をあげられるか。そのためには、どのような準備が必要なのか。民衆においては、こうした要素を考えたうえで、「生業複合暦」が存在していたと考えるのが妥当であろう。

橋本道範氏によれば、琵琶湖に面する村落では、季節と魚種に応じて多くの種類の漁網が使用されていた。明治時代に確認されたものでは、最低でも一一種類の漁法が存在したという（『近江水産図譜　漁具之部』）。さらに他の生業がからんでくれば、その暦はきわめて複雑なものにならざるを得ない。およそ高度経済成長期まで、こうした「民衆の肉体にきざまれた暦」というものは、大なり小なり存続したはずであろう。

一方、資源に対する考え方はどうであろうか。資源の枯渇に対する危機感は、古代・中世の人々でも有していたはずである。何より、自然への怖れは存在したわけであるから、生類の「根絶やし」「とり尽くし」については、一定の配慮が存在したと思われる。また、生類に対する共感や同情も、皆無だったわけではあるまい。あくまで説話文学の例だが、父母が牛などの生類に転生した話（『日本霊異記』巻中第九など）、狩人が夢の中で生類になって、逆に狩られるという話（『今昔物語集』巻一九第八）など、人間が生類になり変わる内容も見られる。これなどは、いわゆるエンパシー（生命への本能的共感）の素朴なあらわれと見ることができる。生類の命をうばうことに対する「うしろめたさ」も、狩猟・漁撈者において、ある程度は感じられていたと考えるべきだろう。

寺院による「殺生禁断」

権門体制というしくみ

院政期以降、仏教および寺院の重要性はたしかなものとなったが、それと並行して神社・公家・武家といった主体も、朝廷からの委託をうけ、国政を担当するようになる。これらは権門と称され、大きく公家・武家・寺社の三つにわけられる。公家は天皇にまつわる儀礼や民政、武家は軍事部門、寺社は国家的祈禱をうけもつ。すくなくとも中世前期については、これら三つの権門が相互補完的に国政を分担していたのである。形式的には上皇を最高権力者とし、そのもとで担当分野をことにする権門が併存するしくみ。これを、黒田俊雄氏の提言によって「権門体制」とよぶことにしよう。

これは朝廷にとっても効率的なしくみであり、法律や土地の経営については、ほぼ丸投げのかたちといって良い。全国一律に通用する法律は存在せず、人民はどの権門に所属するかによって、適用される法律がことなっていた。地方の人民については、どの権門の荘園に居住するかで、公家法・武家法・寺社法のいずれが適用されるかが決まったのである。これは荘園の経営についてもあてはまり、そのしくみには、それぞれの権門のもつ個性が反映することとなった。以下では、寺院と神社による法律や土地経営のしかたについて、「殺生」を軸として見ていくことにしよう。それは大きくわけて、①境内空間、②所有する荘園の二つになるのだが、ここでは①から考えることにする。

寺社と荘園・公領

先にも述べたように、全国の土地は都市部でないかぎり、荘園と公領に区分されている。では、寺社境内はどちらなのかというと、それにはふた通りを考えることができる。第一には、寺社境内が他の荘園・公領と接しているような場合である。つまり、境内が荘園・公領に匹敵する場合であるが、これは原初的には公領である。少なくとも摂関政治期まで、寺社の土地は国司から租税が免除された公領であった。しかし、地方寺社が中央大寺社の末寺・末社に組織されていくなかで、地方寺社のがわは荘園とおなじく、何らかの物品を中央に献上するようになった。さらにその領域については、中央の大寺社による所有がみとめられた。つまり、地方寺社の境内そのものが一種の荘園となっていくのである。したがって、「A寺」「B社」とよばれていたものが、時に「A荘」「B荘」などとよばれることもある。そうすると、第一の場合はさらに、①公領のままでありつづけるものと、②広い意味で荘園化するものとがあることになる。②の場合、その内部には生産活動の可能な空間や、生産の担い手である住人の集落なども存在したであろう。そのような領域を、特に「境内郷《けいだいごう》」などとよぶことがある。

第二の場合は、寺社が荘園・公領の内部にふくまれる場合である。第一の場合とくらべて、その規模ははるかに小さいが、荘園・公領の住人にとっては、より身近な存在であろう。これにはさらに、①荘園・公領全体を呪術的に保護する寺社、②村落ごとに存在する小規模な堂・祠《ほこら》、③武士など有力者（在地領主）のもつ氏神・氏寺などがある。①は荘園領主または国司・在庁官人《ざいちょうかんじん》、②は村落の住人、③は個別の有力者が管理・運営する。全体として、寺社境内は、第一のように荘園・公領に匹敵する規模のもの、第二のように荘園・公領の内部にふくまれる小規模なもの、にわけられることになる。

以上をふまえたうえで、寺院の境内空間について考えてみることにしよう。

寺院はもともと僧伽《サンガ》といい、仏教の修行者たちが共同で生活する場のことをさしていた。

先に述べたように、この共同生活の場においてまもられる規則が戒律である。やがて僧伽が固定的なものになるにしたがい、その空間は外部と区別される特殊なものと意識されるようになった。寺院の空間をかこむ塀などが築かれ、内部の建造物にも規格性がみとめられるようになる。いわゆる伽藍《がらん》の成立である。

戒律と結界

寺院とその周辺の空間を的確にいいあらわすものとして、「結界」ということばがある。これには、戒律にかかわるものと、密教にかかわるものがある。

前者は、定期的に僧侶があつまる際、不都合ならば、ある程度その領域を広げ、その内部にいれば良いとする方便である。これは白二羯磨《びやくにこんま》という作法によって、領域が確定されることになっていた。白二羯磨とは、議長役の僧侶が議題を提示し、他の僧侶らに対して、一度だけ賛否を問う形式である。結界には、場合に応じて色々と規則があるが、簡略に分類してみると、つぎのようになる。

一、摂僧界《せつそう》　—　受戒や布薩《ふさつ》（懺悔）など定期的な集会に僧侶が参加できない場合、寺院より広い領域を確定し、その内部にいれば良いとする場合、あるいはその内部にいる僧侶だけが参加すれば良いとする場合

二、摂衣界《せつえ》　―　僧侶が、衣を寺院に置いたまま外出し、帰参できなくなることにそなえて、より広い領域を確定し、その内部にいれば良いとする場合

三、摂食界《せつじき》　―　寺院をはなれた場所で食事をすると罪になるが、別に領域を確定して、その内部にいれば罪にはならないとする場合

ただし、日本の場合、ほとんど最初の摂僧界しか問題とはされなかったようである。これには、他国ほど厳密に戒律がまもられていなかったという事情もある。

これらの領域を確定する方法として、自然界と作法界の区別がある。自然界は、特に手をくわえない自然の領域をもちいるもので、集落・閑静地・路上・水界などがある。作法界は先に述べた白二羯磨によって確定するもので、その目的や広さに応じて、大界・戒場・小界の区別があった。大界は、一二〇里（最大で四八キロほど）を上限とする領域のことである。その領域をしめすものとして、石や樹木などの界標《かいひょう》をもちいる。戒場は、受戒などのために臨時に確定される領域で、二〇人程度の僧侶が必要とされる。小界は、戒場よりもさらに簡素で、五人程度の僧侶によって確定することができる。

のちにも述べるが、鎌倉時代に復興された律宗、特に真言律宗では、右のうち摂僧界の大界、すなわち「摂僧大界」が問題とされる。寺院よりも広い領域が「大界」とされ、そ

の界標として、同心円的に「大界外相《げそう》」「大界内相」「戒壇外相」などときざまれた石碑が建立されることもある。「大界外相」と同様に「不殺生界」ときざまれた石碑が立てられることもあるが、これは寺院の周囲における俗人の狩猟・漁撈を禁じるものである。なお、現在でも寺院の入り口に「不許葷酒入山門（葷酒《くんしゅ》、山門に入《い》るを許さず）」などときざまれた石標が見られるが、これも中世における結界のなごりである。

密教と結界

一方、後者（密教にかかわるもの）は、寺院外部から「魔」の侵入を防ぐために設定されるものである。「魔」は、修行の妨げをする邪悪な存在をいう。主として、僧侶が手に印をむすぶなどの呪術的作法で領域が確定される。小さい場合は、祈禱に使用される護摩壇が「結界」とされるが、さらにそれが寺院境内に拡大されることもある。結界の外に広がる空間は、これと対照的に「魔界」といわれることもあった。

真言律宗が全盛となる鎌倉中期以前は、密教的な結界の観念が一般的だったようである。備前国の八塔寺《はっとうじ》（天台系）では、境内が「清浄結界地」といわれて、その内部における狩猟が禁じられている（『鎌倉遺文』二八二三号）。下野国鑁阿寺《ばんなじ》（真言系）では「堂舎廓《かく》内は、清浄結界の地なり」といわれ、その内部での「雑人横行《ざつにんおうこう》」すなわち俗人の乱入や乱暴が禁

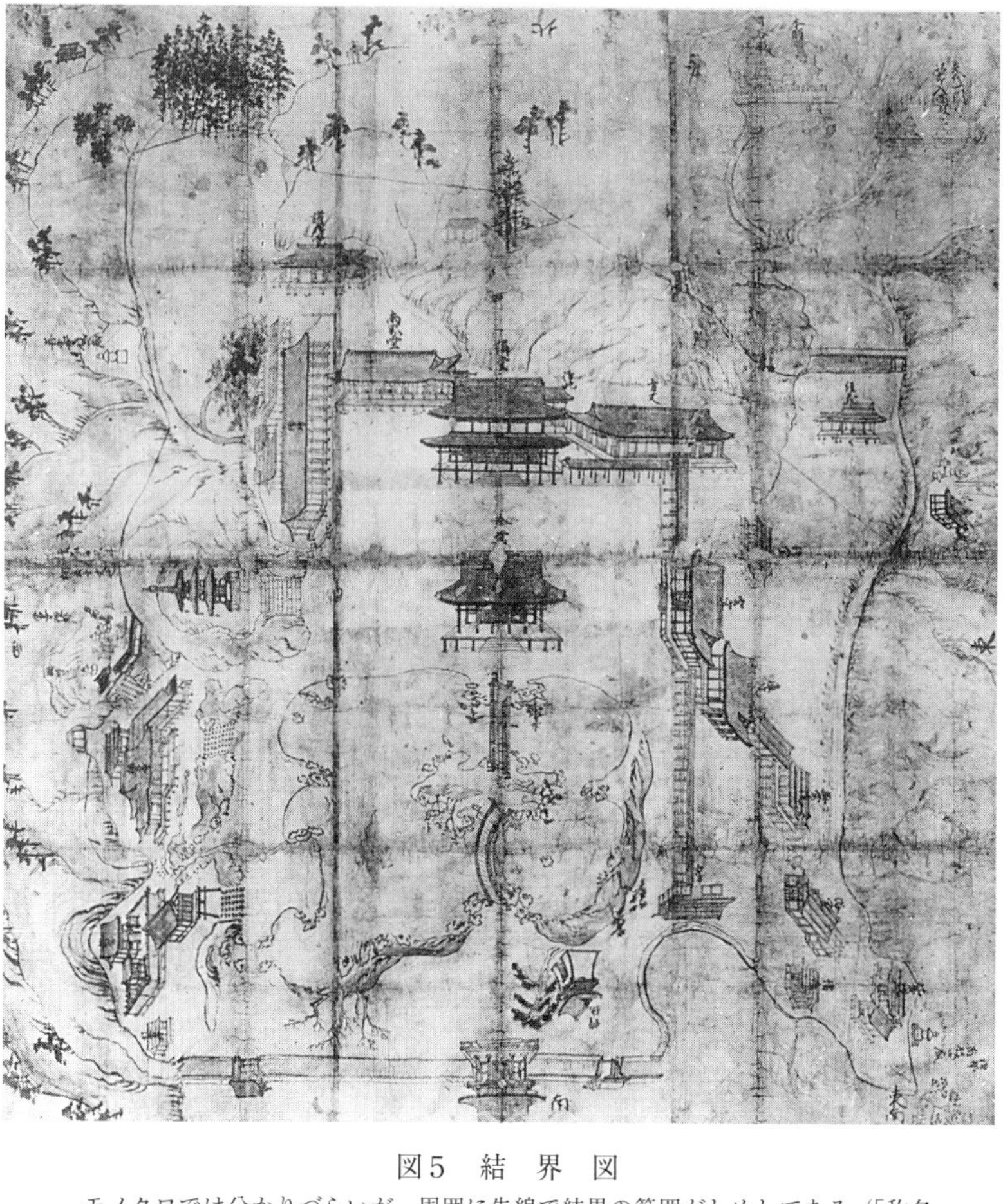

図5　結　界　図

モノクロでは分かりづらいが，周囲に朱線で結界の範囲がしめしてある（「称名寺絵図」，称名寺所蔵，神奈川県立金沢文庫保管）

じられている(同前一〇四三一号)。これらは、天台・真言の密教の影響をうけたものであろう。特に、結界は「清浄」という概念とむすびつき、その対極にある「穢《けがれ》」を避けるべきものとされた。高野山では、その領域について、つぎのような主張がなされている(同前二三六一号)。

そもそも当山は、大師坐禅の地、清浄結界の砌《みぎり》なり。寺は柔和《にゅうわ》を守り、弓箭《きゅうせん》の名を聞かず。人は忍辱《にんにく》を行じ、三寸の小刀すら、猶其《なおそ》の鋒《みね》を折る。(中略)清浄の地、たちまち猪鹿《ちょろく》の血に汚《けが》れ、空閑《こかん》の寺、怨賊《おんぞく》の徒に劫《ごう》せらる、

高野山領に野川郷の住民が乱入し、伐木や狩猟を行なっていることを非難する文章である。ここでは、空海が坐禅を行なった土地であることを根拠に、その内部で殺生具・武具を携帯すること、狩猟による血液の穢れが生じることが問題視されている。殺生具・武具の携帯禁止は戒律にもとづくものだが、血液の穢れはむしろ神社境内の清浄をたもつ習俗と関連するようである。そこでつぎに、この問題について考えてみよう。

寺社境内の清浄性

神社の境内が清浄であることは常識のように思われるが、それが原始からそうであったかについては、多分に疑問がある。何より、「神社」というものがそもそも存在しなかったからである。原始において神は、目に見え

ない隠れた存在であった。時に人にのりうつって、そのことばをつたえることもあるが、人間のがわからは、祈りも願いもつうじなかったのである。しかも、神が特定の場所に存在するとはかぎらなかった。したがって、神をつねに鎮座させるための「社殿」は必要なかったといえる。

妙な表現かもしれないが、建造物としての「社殿」「神社」は、どうやら寺院建築に影響をうけて、できあがったものらしい。このことは、そもそも仏という存在が、「蕃神《ばんしん》」すなわち「異国の神」と認識されたことに由来する。仏という「異国の神」をまつるために寺院の伽藍が必要なのであれば、日本の神にもそれが必要であると認識されたのであろう。神社建築は、寺院建築に影響をうけていることになる。それを象徴的にしめすのが、『類聚三代格』（古代の法令集）のつぎの文書である。

神社の事、

詔《みことのり》す。災を攘《はら》い、福を招かんとせば、必ず幽冥を憑《たの》む。神を敬い、仏を尊《たっと》ばんとせば、清浄を先となす。今、聞く。諸国の神祇社内、多く穢臭《えしゅう》および雑畜《ざっちく》を放つことあり。敬神《ぎょうしん》の礼、あに是《かく》の如くならんや。よろしく国司長官、自ら幣帛《はくへい》を執《と》り、慎《つつし》みて清掃を致し、常に歳事をなすべし、神亀二年（七二五）七月二十日の文書（詔書）だが、内容としては神社境内の「穢臭」と放牧を禁ずる文書である。「穢臭」の具体的な内容は不明であるが、放牧との関連を考えれば、獣の死骸や糞尿の放置をしめす可能性が高い。

問題は神社にかぎられるように見えるが、「神を敬い、仏を尊ばんとせば」とあって、寺院の境内をも思わせる文章となっている。天禄元年（九七〇）十月、天台座主良源がしるした遺告《ゆいこく》（遺言）では、比叡山内に放牧することで「清浄の山、還《かえ》りて雑穢《ざつえ》の地と成り、神仙の窟《くつ》、更に糞壌《ふんじょう》の坊と変ず」といわれている（『平安遺文』三〇三号）。寺院境内においても、穢臭と放牧が禁じられていたのである。ここからは、どうしても寺院・神社境内の共通性を感じざるを得ない。では、寺院結界がそのまま神社境内に影響したのかというと、すぐにそういい切ることもできない。神をまつるにあたっては、その意志を占い、地に杖などを立てて標識とし、忌籬《いみがき》などで神の居場所を区別するという作法も存在したからである。これは、神のがわからする原初的な清浄性の保護といえるだろう。寺院・神社とともに、それなりに特殊な空間概念はもっていたようである。では、後世の激越な「穢」や清浄性の保持という観念は、どこに由来するのであろうか。それはどうも、平安京の成立以後、天皇の神聖性を保持するための「怪異」「穢」の観念と関係するらしい。

承和八年（八四一）三月一日、大和国の春日神社につぎのような命令がくだされている（『類聚三代格』）。

応《まさ》に春日神山の内に狩猟・伐木を禁制すべき事、

（中略）今、聞く。狩猟の輩、斎場を触穢《しょくえ》し、採樵《さいしょう》の人、樹木を伐損す。神明《しんみょう》の咎《とが》とするところ、恐るらくは国家に及ぶことを（後略）

穢の問題

狩猟が「斎場」としての境内に「穢」をもたらし、神がこれを「咎（罪）」とするという。さらに承和十一年（八四四）十一月四日には、上・下賀茂社と鴨川の流れについて、

応に鴨上下大神宮辺河を汚穢《おわい》するを禁制すべき事、

（中略）遊猟の徒、屠割《とかつ》の事に就《つ》き、濫《みだ》りに上流を穢《けが》し、神社に経触《けいしょく》す、ここにより、汚穢の祟り、しばしば御占《みうら》に出づ（後略）

といわれている（同前）。河川での狩猟・漁撈によって、神社境内にも「汚穢」が伝染し、それが神の祟りをまねくという。ここで「御占」とあるのは、「怪異」とされる現象が確認され、神祇官《じんぎかん》による亀卜《きぼく》、陰陽寮《おんみょうりょう》による式占《しきせん》が行なわれたことをさす。亀卜は亀の甲に熾火《おきび》（炎のあがらない火）を押しつけ、そのひびの走り方で占う方法、式占は式壬占盤《しきじんせんばん》というルーレット状の占い盤をもちいる方法である。神祇官・陰陽寮には、どのような現

象が神意のあらわれとしての「怪異」であるかを判定する知識があった。「怪異」とは、大づかみにいって「天皇権力にとって、不吉をしめす神意のあらわれ」である。

右の史料によると、神社境内の「穢」そのものが神の怒りをまねき、それが天皇権力にとって危険なものと判断されたのである。「穢」と「怪異」は、平安京と天皇をまもる観念として、九世紀以降に発達していった。この「穢」にはさらに「塀や垣根などでかこまれた空間に充満する」あるいは「地面をつたって他人に感染する」という観念があった。寺院境内の清浄性は、この「穢」と「結界」の観念が結合したものであろう。

寺院の場合、神の立場にかわるのは、本尊仏である。寺院周辺での狩猟・漁撈は、「仏前」「観音慈眼之前」「賢聖降臨之目前」「本尊護法之宝前」「薬師如来宝前」における殺生であり、その罪業によって本尊仏が胸を痛める、という論理がしばしば観察される。仮にこれを「仏前の論理」とよぶことにしよう。寺院境内は、「穢」と結合した清浄な「結界」という観念、および本尊仏と対立する殺生罪業観によって保護されていたことになる。

では、殺生行為そのものは、具体的にどう禁止されるのであろうか。

殺生禁断の周知

先にも述べたように、寺院境内よりも広い領域に結界が設定されることがある。これは、殺生の禁止についても同様である。「寺辺二里」

などといわれ、境内から二里四方ほどが、「殺生禁断」の領域として宣言されることがある。これを恒常的なものとして周知するため、その境界に札などが立てられることがあった。

寛喜二年（一二三〇）閏正月、山城国の神護寺と高山寺では、明恵房高弁の尽力によって「寺辺二里」の「樵採・漁猟」すなわち伐木と狩猟・漁撈が禁止された。具体的には、朝廷から使者が派遣され、寺辺二里の境界（東西南北）に「牓示《ぼうじ》（かけ札）」が立てられた。興味深いことに、この時には「樵夫《しょうふ》（木こり）」の立ち入りを禁じるため、「長谷本道」という従来の通路がふさがれ、「毘沙門滝之新道」という新たな通路が開かれた。ところが、「樵夫」たちがあまりに不便だというので、彼らに伐木および狩猟・漁撈をしないことを誓約する起請文を提出させ、従来の通路をみとめたという（『鎌倉遺文』三九二四号）。このように、かけ札などのかたちで周知が行なわれ、立ち入りや通行の禁止がなされた。さらに僧侶と周辺住人が、直接のやりとりにおよぶこともあったのである。

究極の結界

殺生禁断の領域を宣言するため、呪術的なモニュメントが建造される場合もある。寛喜二年（一二三〇）四月、摂津国勝尾寺《かちおじ》では、寺領における殺生・伐木が禁止されている（『鎌倉遺文』三九八〇号）。これは「近年、山下の辺民、国中悪党等、或《ある》いは濫《みだ》りに寺領に入《い》り、禽獣を殺戮《さつりく》し、或いは山路を往反し、樹林を伐採す」という状態をあらためるためであるという。その領域を表現するのが、密教的な結界であった。

> （前略）当寺は、善仲《ぜんちゅう》・善算《ぜんさん》、草創の後、開成《かいじょう》皇子、桓武天皇第八御子《のみこ》、結界の時、魔界の障難を防護せんがため、山地を内外に分け、四天を四方に埋《う》ずむ。爾降《しかよりこのかた》、八天の石蔵《いしくら》と号し、八処に八天の形像《ぎょうぞう》を埋ずむ。その上に畳石《じょうせき》を壇となし、以て八天の石蔵と号す。もちいて、一寺の牓示となすなり（後略）、

これによると、勝尾寺は八世紀に藤原氏出身の善仲・善算が建立し、桓武天皇の皇子の開成（光仁天皇の皇子ともいう）が寺域を結界する際、四天王の像を寺院の四方に埋めた。その後、八方に八天の像を埋めて、その上に石壇を築いた。これを「八天の石蔵」とよび、殺生・伐木を禁止する領域の界標としたという。

一九六二年、この八天の石蔵が発掘され、陶製の容器に入れられた四天王（持国・増長・広目・多聞）と四明王（降三世《こうさんぜい》・軍荼利夜叉《ぐんだりやしゃ》・大威徳・金剛夜叉）の小像が出土した（重要文化財）。かつては、その上部に石組もあったと思われる。八天の石蔵の埋納は、事実だったのである。ただし、右の史料では、埋納の年代をあきらかにはしていない。むしろ

順序は逆であって、鎌倉時代になって、周辺住人がさかんに山中に立ち入るようになったため、それを禁止するために像が埋められたのであろう。つまり、文書では石蔵の築造年代を意図的に引きあげている。それだけ当時の山間開発がさかんであり、それを規制するため、四天王・四明王の威力が必要とされたのであろう。考えてみると、これは先に述べた「仏前の論理」を、より広い領域に拡大しようとする動きといえる。

伐木と放牧の禁止

ところで、戒律と穢の論理から、寺辺の殺生が禁じられることはわかるが、それと同時に伐木が禁じられることも多い。当然ながら、寺院のがわが、煮炊きや堂舎修理のために材木を伐採することは考えられる。一方で、草木にも生類と同様に、殺生罪業観がおよんでいた可能性もあるだろう。従来そのように考えるむきもあったのだが、史料自体に植物を伐採することの罪業観はしるされない。先の放牧も殺生と併記されることがあるので、むしろ、それと組みあわせて考えた方が良いのかもしれない。

伐木と放牧は、しばしば同一の主体によって行なわれる。先にあげた近江国明王院葛川では、狩猟・漁撈・伐木・放牧のすべてが禁じられている。伐木と放牧がすすめば、どうなるか。おそらく、山林が開けて山畑（焼畑）などが作られるだろう。寺院の周辺は生産領域となり、集落が展開することになるかもしれない。結果として、寺院境内の領域が侵犯され、修行の場にふさわしい静寂が破られる可能性もある。明恵房高弁が紀伊国巣原浦の近くで修行していた際、「漁捕の業、目を遮り、海人の音、耳を驚かす」ために、修行の妨げとなったという（『鎌倉遺文』七五三六号）。殺生とならび伐木・放牧が禁止される理由として、ここでは「修行の場とその静寂性の保護」を考えておくことにしよう。

殺生の制止

先の勝尾寺の例では、周辺住人による立ち入りがやまなかったため、僧侶らがみずから山林にわけ入って「制止」をくわえたという。特に伐木に対しては、樵夫のもつ斧をうばうという行為が有効であったらしい。一方、殺生行為については、「石山寺縁起」巻二（『日本の絵巻』一六）の描写がきわめて具体的である。瀬田川のあたりで狩猟・漁撈をする人々が、杖によって打たれる他、漁網が切り裂かれる、簗《やな》（網代《あじろ》）が破壊される、などの行為が見られる。処罰をくわえる人々は、石山寺の僧兵であるらしい。剃髪《ていはつ》しているが、頭に鉢巻《はちまき》をしめ、槍や弓矢を携帯したいでたちである。狩猟・漁撈の排除は、ことばによる非難だけでなく、具体的な武力の行使をともなっていた。

さらに僧侶のがわから、狩猟・漁撈者の処刑が宣言される場合もある。先にあげた高野山と野川郷の争いでは、後者のがわが「牓示札《ぼうじふだ》」を山中にかけ、前者の領域を侵犯してい

図6　殺生を禁制する人々

網代が破壊されているのも見える（「石山寺縁起」より，石山寺所蔵）

った。そこで狩猟と伐木が行なわれたのだが、これに対して高野山の僧侶らは、

聖徳太子、既に守屋大臣の命を絶つ。大悲菩薩、又一殺《いっせつ》多《た》生《しょう》の行を励ます。彼の春賢・郷民等、已《すで》に我が山の怨敵となる。已に仏法の調達のため、若し刑罰無くば、何ぞ後輩に懲《ちょう》せんや、

と述べている。かつて聖徳太子は、物部守屋を討伐した。また大悲菩薩（観音菩薩）も「一殺多生」を奨励している。したがって、春賢（大和国吉野山の有力者）にひきいられた野川郷の人々にも刑罰をあたえなければならない、という論理となる。

ここで「一殺多生」というのは、「一を殺して多数を生かす」、つまり「悪者を殺して社会全体の利益とする」ことの仏教的な表現である。直接に手はくださないであろうが、仮に野川郷の人々を殺したとしても罪にはならない、ということだろう。

一殺多生の論理

この論理そのものは、すでに経典のうちにも見られる。七世紀に漢訳された『瑜伽師地論《ゆがしじろん》』第四一には、

もし菩薩、劫盗賊《ごうとうぞく》の財を貪《むさぼ》らんとするの故に、多生を殺さんと欲し、或いはまた大徳の声聞《しょうもん》・独覚《どっかく》・菩薩を害せんと欲し、或いはまた無間《むげん》業を造《ぞう》せんと欲するを見ば（中略）、我、むしろ彼を殺して那落迦《ならくか》に堕《だ》すとも、ついにそれをして無間の苦を受けしめじ、と。（中略）当・来のための故に深く慚愧《ざんき》を生じ、憐愍《れんびん》の心を以て、しかも彼《か》の命を断ず。この因縁によりて菩薩戒において違犯《いぼん》する所無く、多くの功徳を生ず、

と説かれている。盗賊が俗人や僧侶を殺そうとしている時、盗賊を殺して自身が地獄に堕ちたとしても、彼らを無間地獄に堕とさないことが大事である。これは盗賊の現世・来世を考えてのことであり、殺人を犯したとしても戒律を破ったことにならず、最終的には多くの功徳を積んだことになる。先の「一殺多生」は、これにしたがったものであろう。

現実の事件であったかどうかは判断がつきにくいが、謡曲「鵜飼」には、つぎのような描写が見られる（『新日本古典文学大系　謡曲百番』）。

抑《そもそも》此石和河《このいさわがわ》と申《もうす》は、上下三里が間は堅く殺生禁断の所也、今仰《おおせ》候岩落辺に鵜使ひは多し、夜な夜な此所《このところ》に忍び上《のぼ》つて鵜を使ふ、憎き者の仕業かな、彼を見顕《あらわ》さむと企みしに、それをば夢にも知らずして、又ある夜忍び上つて鵜を使ふ、狙ふ人々ばつと寄り、一殺多生の理に任せ、彼を殺せと云《いい》あへり、其時《その》左右の手を合はせ、かかる殺生禁断の所共知らず候、向後の事をこそ心得候べけれとて、手を合はせ歎き悲しめども、助くる人も浪の底に、罧《ふしづけ》にし給へば、叫べど声が出ばこそ（後略）

甲斐国の石和川の鵜飼が、殺生禁断の領域であることを知らずに鵜飼漁をしたところ、待ちかまえていた人々に捕らえられ、「罧（魚をあつめるための雑木）」にされて川の底に沈められたという。その論理は「一殺多生の理」といわれている。これが謡曲に取材されていることから見て、こうした光景は現実にあり得たということなのであろう。

極北の思想

一見して、これが危険な思想であることはわかる。そもそも、殺生戒の存在意義そのものが無化されてしまうからである。「僧侶のがわが、殺人を犯しても良いと口にする」。これは、よほどのことがなければ主張してはならない極北の論理であろう。悪業を犯そうとする人間を殺すことは、大多数の人々の利益となり、かつ殺された人間の悪も止めることができる（止悪作善《しあくさぜん》）。仏の高みから見た際には、これが世間にとっての「最大多数の最大幸福」であるかもしれない。これを僧侶が公然と語ったということは、彼らが仏と自己を一致させたことをしめす。一方で傲慢《ごうまん》のそしりも受けるであろうが、それでも彼らは、寺院という修行の場をまもらなければならなかった。逆に考えれば、彼らがそこまで口にしなければならないほど、寺院結界への侵犯は頻繁で、かつ激しいものだったのである。一例をあげると、先の野川郷の人々は、

吉野山執行春賢の沙汰と号し、当寺領四五里ばかりに入り、牓示札を懸《か》け畢んぬ、其の後、山民、兵具を帯び、牓示札を過ぎ、寺辺に散在し、薪を止め斧を取る。又、入定の地の御廟の傍らに、鹿を射て皮を剝ぐ。又、白昼に弓箭を帯び、造東大寺上人重源建立の専修往生院の庵室に打ち入り、衣鉢《いはつ》の貯《たくわ》え、皆悉《ことごと》く奪い取る。又、寺中に乱入し、事を左右《そう》に寄せ、巨多《こた》の物を責め取る。かくの如き不当、勝計すべからず、

といった行為を働いたという。領域侵犯や狩猟だけでなく、僧侶の財産をもうばい取ったのである。ここまでくれば、ほとんど暴行・略奪のたぐいであろう。こうした事態に対応するためにも、寺院には僧兵的な人々が必要とされたのである。

さらに、領域侵犯や狩猟を行なう人々に、武士がふくまれていたことは大きな問題であった。先にあげた神護寺の例では、嵯峨の樵夫たちが「素光寺の地頭を相語らい、寺領に乱入し、無道の沙汰を企《くわだ》つる所なり」といわれている。樵夫が地頭すなわち御家人をさそって、寺領に乱入したというのである。

実のところ、中世をつうじて出されつづけた殺生禁断の命令書は、そのほとんどが狩猟と伐木を禁じたものであり、その行為の主体は多くが武士であった。これはそもそも、武士が狩猟民的な文化をもつ人々のなかから発生してきたことに要因がある。武士による狩猟は、戦闘の鍛錬としてもさかんに行なわれた。狩猟を行なうため、武士は所有する土地の内部に「狩倉《かりくら》」という狩り場を設定することもあった。

中世武士の凶暴性や残虐性は良く知られたところであり、寺院結界に生きる僧侶らは、こうした武士ともわたりあわなければならなかった。戸田芳実氏は、武士の殺生行為に対する僧侶らの憎しみが、結果として社会全体の殺生罪業観をあおってしまったのではないかと指摘している。「一殺多生」の論理も、こうした背景を考えたうえで評価されるべきであろう。それは、「民衆の生業に対する一方的な抑圧」ではない。

寺院境内を殺生から保護しようとする欲求は、「結界」「穢」「仏前の論理」などの観念を中核とし、外部への周知、狩猟・漁撈者への処罰など、具体的な手段をそなえるにいたった。それは世俗による領域侵犯と乱行への反作用でもあり、それはついに僧侶をして、「一殺多生」という究極の論理をも吐かせることになったのである。

神社による自然の利用と排除の論理

ここまで述べてきたことから、ひとつの疑問が思いうかぶかもしれない。「神社境内は寺院結界とおなじく、『穢』を避けるべき清浄な領域である。その神社に対して、魚貝類などの贄が献上されて良いのだろうか」。これは、当然の疑問であろう。

贄と穢のあいだ

たしかに、神社境内で家畜などが死んだ場合、境内に「穢」が充満したと見なされ、神事が停止されることは多い。その解除には、物理的な掃除と呪術的な「祓《はらえ》」「浄《きよ》め」が必要とされた。さらに後世には、「直前に肉類を食べた人間が神事に参加できない」などとされることもあった。では、贄の献上と境内の清浄性とは、どう折り合いをつけるのであろうか。多くの場合、魚貝類はすでに死んでいたはずであろう。

実のところ、これには一定の「解除手段」が存在する。宗教学でいうところの「聖別」、すなわち「一定の手つづきにより、神聖なものとして区別する」という手段である。これによって、贄のもつ「穢」は浄化され、「無かったこと」とされる。

これはすでに、贄の獲得、すなわち狩猟・漁撈の段階からはじまっている。

贄の「聖別」

伊勢神宮領である大林川では、神にささげる贄として青苔（ノリ）が取られていたが、それについて「件の大林河に青苔出来の時、定使《じょうし》を差し遣わし、次いで所司・住人ら斎取せしめ、朝夕の御饌に供進《ぐしん》す」といわれている（『鎌倉遺文』五七八号）。これは、単純に水草をとるというものではない。神宮から使者が派遣され、その監督のもとで住人が「斎取」するのである。つまり、その行為は精進潔斎したうえで行なわれるのであり、それ自体も神事の一環であった。さらに、この贄は「供祭《ぐさい》の上分を取り穢《けが》す」、「濫《みだ》りに神の御物《ぎょぶつ》を穢す」行為からまもるべきものとされた。贄は、まさに「聖別」されたのである。

一方、若狭国の御賀尾《みかお》浦からは、信濃国一宮である諏訪神社に、毎年「御贄」の魚が送られることになっていた。その漁獲は「御贄狩《おんにえがり》」といわれ、月日をさだめて、釣りという特定の漁法によって行なわれた。漁獲された魚は、運送される前に「御贄屋《おんにえや》」に入れられて、清められたという（『鎌倉遺文』二五九三五号）。魚貝や禽獣は、そのままでは「葷腥《くんせい》（なまぐさもの）」などといわれ、「穢」のもととなるが、こうして「聖別」されることによって、神前にそなえることが可能になったのである。

贄が神前にそなえられる際の作法も、独特である。志摩国の神戸《かんべ》（神社領）の百姓が献上した「鮑《あわび》・螺《さざえ》」などの贄は、神官が「御贄机《おんにえづくえ》」のうえで「御贄小刀」によって調理することになっていた。机や小刀をつくる人々もさだめられ、その取りあつかいにもさまざまなタブーがあった（「皇太神宮儀式帳」）。『今昔物語集』巻二六第八、飛騨国猿神、止生贄語では、贄をさばく作法がくわしくえがかれている。籬《まがき》（垣根）のめぐる社殿の前に、巨大な俎板《まないた》が置かれ、その四隅に榊《さかき》が立てられる。この場合は、人間を生贄とするのだが、それには魚箸《まなはし》と包丁がもちいられた。魚貝や禽獣をさばく際も同様であろう。現代人がするように、片手でものを押さえてはならず、そのかわりに魚箸で押さえるものとされた。人間が手を触れると、「穢」が生じると考えられたのであろう。この作法は現代でも、神饌をたてまつる「俎板立て」の神事として残存している。

神にそなえる贄は、その獲得から消費にいたるまでが神事として考えられ、ゆるがせにできない作法によって、「聖別」つまり清浄化がなされたのである。

神社と狩猟・漁撈の場

獲物を神にそなえることを目的とするかぎり、狩猟・漁撈も神事の一環として意識された。このような神聖性は、狩猟・漁撈が行なわれる場にもまとわりついていた。神社に対しては、先に述べたような「御厨《みくりや》」という漁民集団の他、狩人集団が奉仕することもあった。また、狩猟を行なう場が「狩《かり》庭《ば》」「狩倉《かりくら》」などとよばれ、神社によって占有されることもある。狩猟が大規模な神事として行なわれる例としては、信濃国の諏訪神社や肥後国の阿蘇神社のそれが著名である。謡曲「阿漕《あこぎ》」では、伊勢国の阿漕浦について、つぎのように語られている（『新日本古典文学大系　謡曲百番』）。

> 総じて此浦を阿漕が浦と申は、伊勢太神宮御光臨よりこのかた、御膳調進の網を引所也、されば神の御誓ひによるにや、海辺の鱗《うろくず》此所《このところ》に多く集まるによりて、憂き世を渡るあたりの蜑人《あまびと》、此所に漁を望むといへども、神前の恐れあるにより、堅く戒《いまし》めて是《これ》を許さぬ処に（後略）

阿漕浦は、伊勢神宮に献上する魚貝を捕らえるための漁場である。神の誓願によって、この浦にはもとから「海辺の鱗」すなわち魚類が多くあつまってくるという。しかし、良好な漁場であっても「神前」であり、贄を採取する浦であるので、一般の漁民が漁獲を行なうことはできなかった。ここでの問題は、二点である。第一に、神の漁場としてさだめられた場所は、最初から良好な漁場であったらしいこと、第二に、その漁場では一般の漁撈が禁じられたことである。後者は、寺院による殺生禁断とも似かよっている。

生類の寄る神

第一の点について、似たような事例は、他の史料でも確認できる。中世的な神話である「倭姫命世記《やまとひめのみことせいき》」（『日本思想大系一九　中世神道論』）では、「かつて倭姫命が旅に出た際、多くの魚類が彼女を慕《した》って寄ってきた。そこで、その場所を御厨とした」という筋が語られている。自然と魚類が寄る現象を、神の威光によるものと考えたのであろう。他にも、住吉神社のもつ木小島《きこしま》・辛島《から》・栗島《くり》・錦刀島《にしきと》などの御厨について、魚類の寄る起源が神功皇后《じんぐう》にもとめられている（『平安遺文』補遺一号）。これらは、純粋な自然現象として説明することもできる。たとえば「肥前国風土記」において、鮎が世田姫《よだ》（のちの淀姫大明神）をめざして川をのぼってくるとされるのは、毎年の鮎の遡上のことであろう。また現在、島根県隠岐郡西ノ島町の由良比女《ゆらひめ》神社の前の由良浜には、毎年十月から二月にかけて、イカが群れ集まってくる。由良比女（姫）を慕って寄ってくるというが、これもイカの習性によるものであろう。神社の領海は、自然条件としてもめぐまれた漁場であった。逆に考えれば、神社は祭神の名のもとに、良好な漁場を優先的に占有したことになる。

しかも、漁場には、自己規制としての禁漁期間があった。伊勢神宮領の国崎神戸《くざきかんべ》では、毎年「玉貫魚《たまつら》（アワビ）」を捕る「御加津木《おんかづき》（御潜き）」以前に、海に立ち入ってはならないとされている（『鎌倉遺文』二八九四七号）。国崎（三重県鳥羽市）では海女による潜水漁が著名だが、この禁漁期間は現在でもまもられている。また、上賀茂神社領である安芸国都宇《つう》・竹原荘では、毎年七月一日および七日に河川で「贄魚」をとる神事が行なわれるが、それ以前に荘官・地頭・百姓が漁をすることは禁じられていた（『鎌倉遺文』五六四六号）。神社領における狩猟・漁撈は、あくまで神事の一環であり、単純な生産活動ではなかった。そのため、ただ利益をあげれば良い（獲《と》れれば良い）という純粋な経済学的原理が適用されてはいない。外にむけては禁猟・禁漁の範囲の明示、内にむけては禁猟・禁漁期間の設定、これらが厳格にまもられたのである。

神社による規制

では、第二の点、すなわち一般の狩猟・漁撈への規制は、どのようになされたのであろうか。肥前国一宮の河上神社では、川上川の夜漁が禁止され、監視にもとづいて違反者の「交名《きょうみょう》（名簿）」を提出するように命じられている（『平安遺文』三五三五号）。この場合は、河上神社に贄を献上するための河川で、一般の漁撈が禁じられたのであろう。一方、大和国の春日神社では、春日山で山木を拾うこと、鳥を狩ることなどの殺生が禁じられ、違反者の名を「落書《らくしょ》（匿名の密告書）」で知らせるよう命じられている（『鎌倉遺文』八七三二・八七三三号）。この場合は、清浄な領域の確保が目的であろう。清浄な領域の確保という点では、寺院境内と同様のものといえる。そして、寺院と同様にその規制に具体的な武力が発動される場合があった。ふたたび先の謡曲「阿漕」をあげると、

阿漕と云蜑人《あまびと》、業《ごう》に染《し》む心の悲しさは、夜々忍びて網を引く、暫《しば》しは人も知らざりしに、度重なれば顕《あらわ》れて、阿漕を縛《いまし》め所をもかへず、此《この》浦の沖に沈めけり、

と述べられている。阿漕という名の漁師が、伊勢神宮の御厨である漁場でひそかに網漁をしていたところ、捕縛されて海底に沈められたというのである。筋としては、「鵜飼」と通じるものがあるが、この場合は「殺生禁断」の領域だからではなく、伊勢神宮に属する御厨の漁民の特権をまもるという理由があった。神社の場合にも「殺生禁断」の領域が明示される場合があるが、それは特権的な用益を前提にしている。おなじ「殺生禁断」ということばがつかわれていても、その内実は正反対のものであったことになる。しかし、い

ずれの場合にせよ、違反者が捕縛され、処刑されることもあったらしい。

寺院と神社の対立

ここでまた、ひとつの疑問が思いうかぶであろう。「殺生禁断」の内実が正反対であるとして、仮に神社の漁場と寺院の領域が接していた場合はどうなるのか。これもまた、当然の疑問といえる。そして実際に、そのような事例も確認できる。

もっとも著名なのは、近江国大嶋・奥津嶋神社と長命寺の事例であろう。安室知氏や橋本道範氏の研究によって、その概略を紹介しておきたい。

まず、大嶋・奥津嶋神社は琵琶湖の東部、奥嶋の中央部に位置する。もともとふたつの神社であったが、現在はひとつとなっている。奥嶋の水辺には、現代でも著名な「魞《えり》」という漁具が設置され、そのうちのいくつかは、大嶋・奥津嶋神社に所属して、供祭《ぐさい》の魚（贄）を献上していた。「魞」というのは定置漁具の一種で、竹などで編んだ簀《す》を渦巻・迷路状に立てならべ、魚を「ツボ」という囲いのなかに誘導して捕らえるしくみである。

一方の長命寺も奥嶋にあり、神社よりもやや南方、長命寺山の中腹に位置している。中世には、比叡山延暦寺の末寺となっていた。境内ばかりでなく、その周辺も殺生禁断の領域となっており、それには湖もふくまれている。長命寺の南方、大房集落の西の石津江と

図7　琵琶湖の魞

いうところに魞が設置されていたが、この魞は大嶋神社に贄を献上するためのものであった。しかし、長命寺からすると、魞による漁撈はまさに「仏前の論理」と対立するものになってくる。これを禁止するため、長命寺の僧侶が実力行使をしたこともあった。

　具体的には、僧侶が神社の魞を切ってしまったのだが、これによって両者のあいだには本格的な対立が生じた。その争いは、近江国守護である佐々木泰綱によって裁かれることとなり、弘長二年（一二六二）七月に、一応の判決がくだされた。結果として、石津江よりも北では湖・陸ともに殺生が禁断されることになった。一方、この裁判の過程では、両者によって興味深い発言がなされている（『鎌倉遺文』八八三八号）。

長命寺のがわは、「魚は一〇〇〇喉《こん》（匹）まで捕らえても良いが、その数に達したので、魞を切った」と主張した。一方、大嶋神社のがわは「まだ一〇〇〇喉に達していないのに、長命寺のがわが魞を切った」という。つまり、すでに寺院と神社のあいだでは、「魞を設置する条件として、漁獲の上限を一〇〇〇喉とする」という合意がなされていたのである。双方ともに、ある程度は相手の論理（殺生禁断、贄の献上）を尊重していたのであろう。

ただ、この合意そのものには、若干の疑問がある。「魚を一〇〇〇喉まで」というのは、ひとつの魞で捕らえても良い上限なのであろうか。つまり、設置した魞は、一〇〇〇喉を捕らえたらその都度、破壊されるのであろうか。それとも、期間をかぎっての計算法なのであろうか。民俗学的にも興味深いが、この点は史料から明らかにすることができない。

一方、これは寺院と神社との対立の場合であって、お互いが有力な社会勢力であるからこそ、こうした合意に達し得たのかもしれない。では、一般の漁民が魞を設置したら、どうなっていただろうか。寺院のがわからも、神社のがわからも、具体的な処罰をうけたのではないか。謡曲「鵜飼」や「阿漕」の世界が、現実となっていたのではないか。

ここからは、荘園における一般の狩猟・漁撈の問題となってくる。つまり、荘園住人への規制の問題なのだが、これについては章をあらためて考えてみることにしよう。

荘園と「殺生禁断」

荘園の住人と領主権力

荘園の住人

荘園とは、先に述べたように「諸権門による大土地所有のしくみ」である。荘園にならなかった土地（公領）も、実際にはほぼ荘園とおなじようなしくみをとるため、中世の土地制度を「荘園制」または「荘園・公領制」とよんでいる。荘園領主は「領家《りょうけ》」とよばれ、領主と現地とのあいだを往復する責任者は「預所《あずかりどころ》」とよばれる。現地には、荘官《しょうかん》という複数の役人がおり、その役割に応じて、下司《げす》（事務全体）・公文《くもん》（書類管理）・田所《たどころ》（土地台帳管理）・図師《ずし》（地図作成）・書生《しょせい》（文書作成）などが存在した。多くの場合は源平合戦の時期、下司が「御家人」となって、鎌倉幕府から「地頭職《しき》（地頭という役職と給与としての土地）」をあたえられ、正当な「武士身分」となっていく。

これらの人々のもと、現地には「名主百姓《みようしゆ》」とよばれる人々が存在した。彼らは、荘園が成立する前から、現地で田畠を耕作していた人々である。基本的には、領主と契約的な雇用《こよう》関係（原則として一年任期）にあった。彼らは荘園の内部に、自分の名前（「吉永」「福富」などのめでたい二文字。二字嘉名《かみよう》）をつけた「名田《みようでん》」をもち、そこで小百姓《こびやくしよう》（小作人）や下人《げにん》・所従《しよじゆう》（家内奴隷の一種）らを耕作させて、生産物を徴収した。他にも、荘園の内部には外部から流れて来た浪人・間人《もうと》などが存在し、条件の悪い田畠（一色田《いつしきでん》・散田《さんでん》など）を耕作することで、ようやく生きながらえていた。

荘園からの生産物の納入も、名主百姓の責任で行なわれた。生産物は、荘園領主の用途に応じて、年貢・公事《くじ》・夫役《ぶやく》などに分類される。年貢は荘園の基幹的な生産物（米など）、公事は季節的な特産物（旬のもの）、夫役は労働力の提供である。年貢と公事の違いから見ても、荘園からあがる生産物は米だけとはかぎらなかった。荘園においては、先に述べた「生業複合」があったと見るべきだろう。荘園が置かれた地形・環境によって、年貢・公事の品目は大きくことなってくる。一般に、山間では木材・山野草・獣肉など、海浜では海草・魚貝類などが、割合として多くなるのであろう。

荘園領主との契約・交渉

先にも述べたが、原則として荘園の名主百姓は領主と一年任期の雇用関係にあった。そのため、彼らを単純に領主に服従するだけの存在とは見なせない。この点はのちに重要になってくる点なので、すこし具体的に見ておきたい。

備中国新見荘（岡山県新見市）の例をあげよう。同荘はもと、京都の最勝光院（皇室の御願寺）のもつ荘園であったが、鎌倉末期に後醍醐天皇から東寺に寄進された。戦国時代まで存続する、東寺の重要な経済基盤のひとつである。

新見荘の内部には麦畠が存在したが、田所（荘官）のもつ麦畠については、「勧農（耕作・田植え・収穫）」の際、百姓を強制的に雇用し労働させることができた。また、東寺から使者がくだって来た場合、百姓一〇〇人あまりが松明《たいまつ》を灯《とも》して出むかえる。一行が戌《いぬ》の刻（午後八時頃）に荘園に入ったのち、市庭《いちば》（市場）まで三職《さんしき》（田所・公文・惣追捕使《そうついぶし》）と名主がむかえに出て饗応《きょうおう》するきまりであった（坂迎《さかむかえ》）。以上は、百姓が領主がわに約束した内容である。しかし一方、百姓のがわにも相当の権利はある。

百姓らは、年貢収納の際に「倉付《くらつけ》」として二斗の年貢を免除されることになっていた。正月二日の「百姓等節」には、領家から清酒料・白酒料・餅料・飯料が免除され、牛玉宝《ごおうほう》印《いん》(呪術的な意味をもつ紙)と思われる「百姓等歳玉紙《としだま》」が給付された。また「歳男《としおとこ》」に対しては、おなじく領主から「魚肴《うおさかな》」が饗応としてくだされた。正月八日に「百姓等弓《ゆみ》事《ごと》」が行なわれる際には、領主から白酒料が免除されている。さらに、夏季の台風による洪水の被害があった場合、名主百姓からは当然のように年貢の免除要求がなされた。

こうした現象を見ると、いわゆる領主による絶対支配というものが、いかに難しいかがわかる。名主百姓が領主に対し、はたすべき義務はあるが、それはあくまで有限の責任の範囲であった。一方、領主のがわにも、名主百姓ら荘園の住人に対して、はたすべき義務がある。さらに、彼らが一方的に命令をいい聞かせられたわけではない。いくら一年任期の雇用関係とはいえ、領主が「命令を聞かない名主百姓は解任すれば良い」という話にもならなかった。解任したとして、そのあとに新たな名主百姓を招きすえるのが、どれほど難しいことか。それは、荘園領主のがわも良くわかっていたはずである。

特に、名主百姓らが計画的に荘園から逃げ出す「逃散《ちょうさん》」は領主にとっても悪夢である。実際にそれは、領主への抗議行動として広く見られる現象であった。領主にとって逃散は、定期的に入ってきた収益が断絶することを意味する。それをふせぐためには、相応の配慮がもとめられるであろう。したがって、荘園支配とはいいながら、領主と名主百姓のあいだには、どうしても「妥協」というものが必要になってくる。その妥協のひとつが、先に述べたような「両者のあいだのきまりごと」であった。

くり返しになるが、民衆の生業として、狩猟・漁撈は不可欠のものであった。すると、ここでまた、別な疑問が思いうかぶかもしれない。荘園の内部にも寺社が存在したはずだが、その領域と住人の狩猟・漁撈は衝突しないのであろうか。あるいはまた、神社の御厨《みくりや》は別として、寺院がもつ荘園においては、境内とおなじく「結界」の論理が適用されるのではないだろうか。とすれば、荘園での狩猟・漁撈は禁止されるのではないか。これもまた、自然にわいてくる疑問である。

寺院のもつ荘園の意味

前者の疑問については、一般の寺社（荘園・公領に匹敵する寺社）と同様に考えて良いと思われる。荘園内部でも規模の大きな寺社、領家の祈願寺や荘鎮守などは明確な境内をもち、また僧侶・神官の組織もそなえていた。したがって、その境内の領域を保護するため、前章で述べたような殺生禁断がなされたのである。ただし、村落レベルの堂・祠《ほこら》になると、人員（僧侶・神主）の不足もあって、同様に考えることは難しくなる。

つぎに後者の疑問について、考えてみよう。永村眞氏が指摘したように、寺院がもつ荘園（寺領荘園）の特徴は、「本尊」と「戒律」である。荘園の住人は、僧侶とおなじように、本尊仏への奉仕者と位置づけられていた。極端ないい方をすると、年貢・公事の納入そのものが、本尊仏への奉仕と見なされたのである。さらに荘園の内部については、広い意味での戒律、すなわち寺院法が適用された。ということは、殺生の禁断についても、荘園の住人に対して同様に適用されることになる。

そのさきがけは、すでに九世紀末の宇佐八幡宮に見られる。寛平元年（八八九）の宇佐八幡宮行事例（『平安遺文』四五四九号）では、宇佐八幡宮の「内外封《ふう》」すなわち封戸《ふこ》（経済基盤となる人民とその居住地。のちの荘園のようなもの）は「潔斎之地」であるので、「武芸之者」や「盗犯・殺生」をする者は追放せよ、と定められている。宇佐八幡宮は、放生と殺生禁断を宗旨とする国家的宗廟《そうびょう》であり、その所有する領域において武士的な存在が排除された。この姿勢は、中世にもひきつがれていくようである。

荘園領域の清浄性

象徴的な例としてて、紀伊国木本荘のそれをあげておこう。康和四年（一一〇二）大和国崇敬寺領の木本荘で、源有政という人物による「昼夜猟魚」の禁止が申請された。有政は荘園の半分を、「私領」と主張して占拠しているという。源有政は村上源氏の血をひき、軍事貴族・武士としての性格ももっていた。守田逸人氏によれば、有政はすでに一一世紀後半にはこの地域に基盤をもち、一二世紀初頭に木本荘が成立すると、現地での仕事（荘務）も請け負うことになったという。しかし、約束した生産物を納めない、現地で乱暴をはたらく、などの理由で崇敬寺から糾弾《きゅうだん》されることになった。

崇敬寺は東大寺の末寺であったため、東大寺が訴訟におよんだのであるが、その主張は「寺家諸国庄薗《しょうえん》末寺ならびに別院庄庄、皆悉く殺生禁断」というものであった。つまり、寺領荘園やその末寺・別所の領域についても、殺生禁断であるというのである。

重要なのは、以下の二点である。第一に、狩猟と土地の占拠が問題とされている点、第二に、殺生禁断が寺領荘園一般に拡大されている点である。

源有政の狩猟への非難は、同時に荘園の占拠への非難でもあった。うがって考えてみると、土地の不法な占拠を排除するために、それにともなう狩猟行為が非難されたと見ることもできる。つまり、狩猟・漁撈という行為は、領域侵犯の象徴でもあったのである。したがって、殺生禁断は寺院にとって、領域保護のための格好の論理となる。

一方、「寺家諸国庄薗末寺ならびに別院庄庄、皆悉く殺生禁断」といわれたことの意味は大きい。そもそも、寺院のもつ荘園は、歴代の上皇が寄進したり、認可したりしたものであることが多い。上皇はまた、熱烈な仏教者でもあるので、そうした荘園の内部で殺生が禁じられることも推奨されたであろう。ここで東大寺が主張した内容は、上皇によっても確認され、それが一種の先例・規範となる可能性がある。寺領荘園の内部もまた、境内とおなじく殺生禁断の領域とされるのである。したがって、荘園における管理・運営の手つづき（荘務）においても、殺生禁断が重要な項目となってくるだろう。

荘務としての殺生禁断

応保二年（一一六二）、高野山領の紀伊国荒川荘では、国司の源為長によって川簗《かわやな》が打たれ、魚類が捕獲されていた。その事情を述べた文書によると、

簗を庄内の川に打たしめ、魚鱗《ぎょりん》を取らしむ。それ含生《がんしょう》を殺し、人命を害するは、朝章五刑の初《はじめ》、重くこれを誡《いまし》め、仏戒十禁の内、殊にこれを制す。況《いわん》や寺領内において漁猟を好むの条、禅徒の行、いかでかこれを憐《あわ》れまざらんや。よって群侶ら、制

止を加え、簗を破るの処、いよいよ忿怒《ふんぬ》を成し、去る十月の比、数多《あまた》の軍兵を引率し、庄民を追捕《ついぶ》し、資財雑物を捜し取り、堂舎住宅を焼失す、

という状況であった（『平安遺文』三二三五号）。源為長は受領国司として現地にくだっていたのだが、あくなき利益追求を行なった結果、荘園領主である高野山金剛峯寺によってうったえられた。金剛峯寺の僧侶らは、簗が殺生行為であるとして、これをみずからの手で破壊した。おそらく、荘官をつとめる僧侶らであろう。ところが、これに怒った為長は兵を率いて荘園に乱入し、住人の逮捕や建物の破壊を行なった。荘園領主は、こうしたむき出しの暴力にも対抗しなければならなかった。殺生禁断の論理を通そうとすれば、荘官が実力行使に走ることは必要なことだったのである。ただし、実力行使は最終手段ともいうべきものであって、その前段階として、いくつか具体的な規制があった。

まず、住人に周知する手段としては、寺院境内と同様に牓示《ぼうじ》・制止札などの札が立てられた。札には、殺生を禁断する内容の文書が墨書されていたらしい。それには罰則がしるされており、科料すなわち罰金や逮捕の予告が周知された。厳しい場合には、荘園の内部を追放され、所有する土地を没収されることもあった。密告も奨励されており、住人が相互に監視して、殺生を行なう人間の名簿（交名《きょうみょう》）を報告することも義務づけられた。高

野山領の紀伊国猿川・真国・神野荘における例は、典型的である。

一、殺生禁断の事〈殊に重きは、鵜・鷹・狩猟・魚網などなり。ならびに柿流し、胡桃《くるみ》流し、蓼《たで》流し、ヤナ、サエなどなり〉

右、殺生は破戒の中の重犯なり。よって当山御領、殊に制禁せらるる所なり。しかるに謹慎の思い無く、山河を跋渉《ばっしょう》し、生命を絶つの条、はなはだ然るべからず。自今以後、永くこれを停止すべし。もし制法に拘《かか》わらざるの輩、出来《しゅったい》せば、寺家の御修理として人別五貫銭文を寺庫に進納すべきなり。ただし、相互に見隠すべからず、聞き隠すべからず。かつうは制止し、かつうはその交名を御山に注進すべし。もし見聞しながらその沙汰を致さざるは、ともに同罪となすべし、

これは正和四年（一三一五）十二月、三つの荘園の荘官らが連名（連署）のうえ、高野山に提出した起請文《きしょうもん》（誓約書）である（『鎌倉遺文』二五六七六号）。荘官として行なうべき義務を列記し、それに違反した場合の具体的な罰則もしるされている。荘官の義務のひとつに、荘園内部での殺生禁断があったのである。

ここにあげられた殺生行為は、非常に興味深い。鵜飼と鷹狩、狩猟と網漁、毒流し漁（柿・胡桃・蓼の汁を利用）、ヤナ・サエ（いずれも簗のこと）であるが、ここまでくわしく

述べられることからして、これらは実際に現地で行なわれていた可能性が高い。おそらく荘官のがわも、それを目にしていたのであろう。荘官自身が以前から見知っていた行為を禁断するのは、荘園領主のがわからしても容易ではあるまい。彼らが黙認してしまう可能性があるからである。そこで、あらためて罰則の規定がなされることになる。

殺生禁断の法にそむく人間は、ひとりあたり五貫文（五〇〇〇文）を高野山に納めなければならない。相互に隠してはならない、とあるが、実際にそうしたことが行なわれる可能性が高かったのであろう。住人は相互に監視し、また制止を行ない、実行犯については名簿を提出する義務がある。他人の殺生行為を知っていながら隠した場合は、その人間も実行犯と同罪となる、というのである。

法令として厳しいことはたしかであるが、前章に述べた「一殺多生」のように、過激な論理は主張されていない。相手が荘園の一般的な住人であって、武士のような人々ではなかったからかもしれない。さらに他の事例を見てみると、荘園領主である寺院のがわからも、住人への歩みよりがなされる場合があったことがわかる。

殺生仏果観の形成

狩猟・漁撈への注目

神社領の荘園以外でも、年貢・公事の品目には狩猟・漁撈によったと思われるものは多い。実は寺領荘園でも、そうした現象は指摘できる。では、そのことはどう理解すれば良いのであろうか。ここでは、伊予国弓削島荘《ゆげしまのしょう》の例を見てみよう。

前章に述べたように、伊予国弓削島荘は鎌倉時代の前期に東寺領となった。瀬戸内海の島であるので、当然ながら漁撈も行なわれていた。ところが、荘園内部が期限つきで「殺生禁断」とされた時期があったらしい。東寺の長者（トップ）であった仁和寺《にんなじ》菩提院の行遍が、何らかの立願（願かけ）をするためであったといわれている。具体的には、島内に

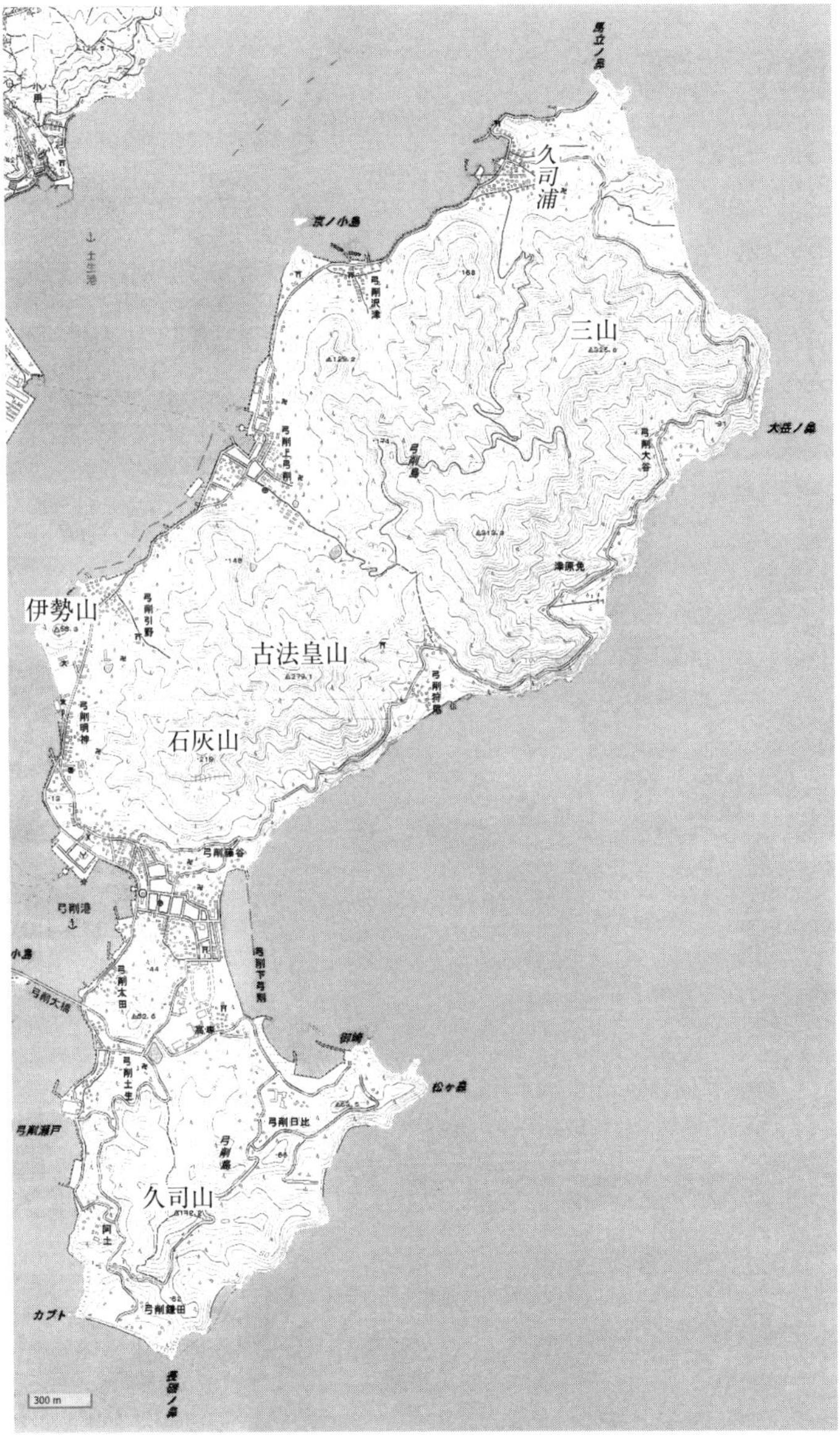

図８　伊予国弓削島荘（愛媛県上島町）

あったいくつかの「網庭《あみば》（網場）」における漁撈が禁止された。

これはおよそ、鎌倉時代中期（一二四〇〜七〇年代）のことであったが、このあいだに、地頭である小宮氏が、網庭と漁網を占拠・横領してしまった。それればかりでなく、同氏は島内で新たな網庭を開発しているという。小宮氏のがわの主張は、「かつて行遍の時代に東寺から漁網の権利をゆずりうけた」というものである。すでに殺生禁断の期間は終了しており、東寺のがわでも漁撈による利益は無視できないものになっていた。そこで、小宮氏から網庭の権利をとりもどすべく、東寺はこれを鎌倉幕府にうったえた。

ようやく決着がついたのは、永仁四年（一二九六）のことである。判決として、東寺と地頭の双方に、三対一の割合で漁撈の権利がみとめられた。こののち、地頭の小宮氏は解任となり、新たな地頭には、将軍久明親王の母である藤原房子がついた。現地のことをあまり知らない相手と見て、東寺のがわは地頭とのあいだで権利の折半（下地中分《したじちゅうぶん》）を交渉した。その際に作成された絵図を見ると、島尻・釣浜・辺屋路島《へやじ》という従来の網庭の他、大谷の網庭があらわれており、津原目という場所にも網庭ができつつあったことがうかがえる（『日本塩業大系』史料編、古代・中世㈠、弓削島荘関係史料）。鎌倉時代後期を通じて、地頭と領家の双方により網庭の開発が進んでいたのであろう。

殺生をめぐる論理操作

ここで興味深いのは、東寺による「殺生禁断」の解除である。東寺の場合、それは期限つきのものであって、高野山領荘園のように厳しいものではなかった。おそらく寺院により、殺生罪業観の深さは違ってくるということであろう。さらに東寺の場合、漁撈による利益には注目するものの、裁判の過程では、その罪業についてまったく言及されていない。東寺にとって、漁撈の利益の享受は当然のことのように論じられているのである。ただし、東寺のがわでも漁撈について、あからさまに無頓着だったわけでもないらしい。そこには、ふたつほど巧妙な論理の操作が見られる。

第一には、魚類を現物ではなく、銭で納めさせるという方法である（代銭納）。先にも述べたが、境内への魚貝・禽獣のもちこみは血穢のもととされた。しかし、銭で納めさせることによって、寺院境内への「なまぐさもの」のもちこみはふせぐことができる。

第二には、その用途である。魚類を現物で納めさせようとした時代もあったらしく、東寺はその用途を「東寺鎮守八幡宮での神祭のため」とした。僧侶が消費するのではなく、寺内の神社の祭礼で使用される贄だと主張したのである。これによって、寺院が魚類を消費するという戒律上の矛盾を回避することができる。

この神祭という儀礼は、弓削島荘の内部でも行なわれていたらしい。瀬戸内海の民俗事

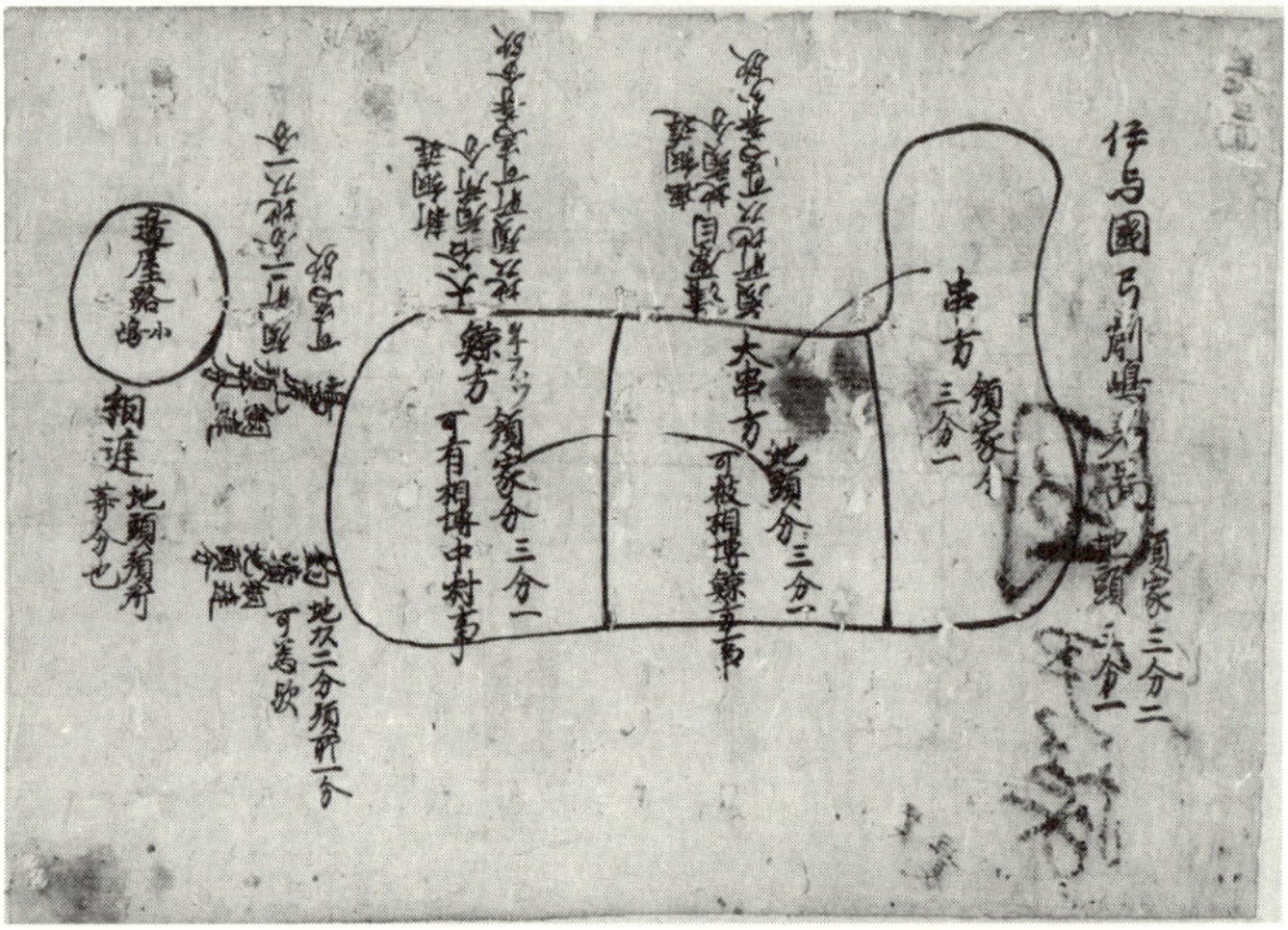

図９　伊予国弓削島荘地頭・領家相分絵図
（「東寺百合文書」と函153，京都府立総合資料館東寺百合文書 WEB より）

例では、捕らえられた魚貝類を神にそなえるという祭礼が広く見られる。おそらく弓削島荘でも、内部にある複数の神社に魚類がそなえられたのであろう。この場合の神社は、海神や漁業神としての性格をもつことになる。荘園の現地にも神祭が存在したとすれば、東寺のがわからの「東寺鎮守八幡宮での神祭にもちいるためであるので、網庭で漁獲された魚類を納入せよ」という命令も通じやすい。住人にとって、権威の高い中央の神社祭礼で魚類がもちいられることは、「現地で行なわれる神祭とおなじように、自分たちを守護するための祭礼になる」という理解を生みやすいからである。

いかにも巧妙な論理であって、領主がわの悪意すら感じる。しかし、よくよく考えてみると、問題はこうした現象が、地頭による網庭の占拠からはじまったという事実にある。東寺が右のような論理を生みだしたのは、それに引きずられた結果に過ぎない。つまり、どこまで行ってもそれは「場当たり」的であり、現地の生産力発展に応じた「妥協の産物」なのである。そう考えると、先に述べた「一殺多生」の論理は、かなり特殊なことのように見えてくる。謡曲「鵜飼」にしても「阿漕」にしても、漁師が殺されたのは、いわば「見せしめ」のためであった。とすると、それはきわめて稀なことであって、一般的・普遍的なものとは見なせなくなる。くわえて、東寺の事例を見てみると、他地域でも同様な妥協策があったのではないかと考えざるを得ない。

妥協の方法

実際に、その痕跡はいくつかあげることができる。神護寺《じんごじ》領の若狭国西津荘には、漁村として著名な多烏《たがらす》・汲部《つるべ》浦がふくまれるが、鎌倉末期には「毎月十八日は観音菩薩の縁日だから」という理由で、その日にかぎって漁撈が禁じられていたに過ぎない（『小浜市史』諸家文書三、「秦文書」建武二年三月三日賢秀・清長連署禁制）。漁撈の利益は莫大であるので、鎌倉時代を通じて殺生が禁断されていたとは考えづらい。こうした縁日の殺生禁断は、これ以前からつづけられていた慣行であろう。この程度になると、住人のがわからはほとんど休漁日としか意識されない。これも、領主による妥協の結果と思われる。

また、播磨国吉河上荘では、内部の法光寺および周辺の殺生が厳重に禁断されていた。しかし、弘安七年（一二八四）の殺生禁断の際、「惣村」においては、二年間の「御教養（御孝養）」として殺生を禁断すれば良い、といわれている（『鎌倉遺文』一五二六〇号）。これは、寺の檀那である荘官・地頭らの立願によるものらしいが、彼らが住人に対して荘園全域における殺生禁断を押しつけることはなかったのである。

ここから見えてくるのは、「多重基準ともいうべき柔軟な原則の適用」、悪くいえば「本音におし切られる建前《たてまえ》のすがた」である。実のところ、鎌倉時代中期に戒律の復興運動がおこるまで、寺院の僧侶も戒律をまもってはいなかった。そもそも「僧の家」などといって、僧侶は代々の世襲制だった。僧侶は、結婚して子どもをもうけるのが当然だったのである。これは、不邪淫戒を破る行為だが、それを問責することすらなかった。おそらくは、肉食戒の遵守についても、相当に怪しい状態であろう。

となると、寺社境内や荘園における殺生禁断は、寺院のがわからしても、真正面に主張することは難しくなってくる。しかも、これにはさらに「究極の論理」があった。

神と仏

古代以来、神社による狩猟・漁撈は、国家的な殺生禁断策から除外されていた。しかし、ここには一個の難問がある。古代にも、いわゆる神仏習合はすすんでおり、「日本の神は、仏がこの世に仮の姿としてあらわれたもの（権現《ごんげん》）」という考え方が一般化していたからである。八幡神のように、殺生禁断と放生をすすめるのなら良いが、多くの神は以前と変わらず、贄の献上を必要とする存在であった。すると「その正体（本地）が仏であるはずの神は、なぜ狩猟・漁撈という生業をみとめるのか」という疑問がわき起こってくるはずである。これは、どのようにのり越えられるのであろうか。

鎌倉後期に成立した『沙石集《しゃせきしゅう》』巻一ノ八、生類ヲ神明《しんみょう》ニ供ズル不審ノ事においては、つぎのような説話が述べられている。安芸国一宮の厳島神社に、一人の僧侶が参詣したところ、社殿の前に多くの魚類がそなえられていた。僧侶は、「神の本地は菩薩であり、殺生を禁じてしかるべきなのに、その神に生類をささげるのは奇妙な話だ」という疑問をもつ。しかし、僧侶の夢に厳島の神があらわれ、「因果の理《ことわり》を知らず、殺生の罪を犯して成仏しがたい漁民でも、神に魚類を献上すれば、その罪は神が引きうけることになるので、自然と罪も軽くなる。また、無駄に生命をうしなったように見える魚類も、神にそなえられることで、仏道に入る方便がもうけられるのだ」と告げる。

この夢告には僧侶のがわも納得し、作者（無住道暁）は「信濃の諏訪神社や下野国の宇都宮神社に生類がささげられるのも、同様な理であろうか」と推測している。神の背後にある仏が殺生の罪業を引きうけ、殺された生類も神を介して、仏により救われるという論理である。これが仏教的な論理によって語られたということは、それが仏教のがわからうまれてきたことをしめす。先の弓削島荘の例でも見たが、僧侶自身が狩猟・漁撈とむきあわなければならない機会が、この時期に増加していたのではないだろうか。

寺院のがわからしても、山村や海村で仏事が行なわれる場合には、狩人・漁人を檀那（出資者）とせざるをえない。寺堂の建立や法事に際しては、僧侶が出むいて説法を行なうならわしであった。『沙石集』巻六ノ五、機ニ随フ施主分ノ事には、こうした事態への具体的な対処のしかたが語られている。近江国大津の「海人《あま》」たちが、説法をしてくれる僧侶を何度かまねいたが、いずれも満足のいくものではなかった。おそらく、漁撈の罪に言及することが多かったのであろう。ところが、ある僧侶をまねいたところ、彼は「琵琶湖は天台大師の眼とおなじである。あなた方が琵琶湖の魚を捕らえるのは、その眼のくもりをとることなのだから、それは最大の功徳である」と説き、多くの布施を得た。

また、北陸の海辺でも「海人」が堂を建立したが、その供養の説法には満足がいかなかった。ある僧侶が「あなた方が『網（あみ）』を引いて魚を捕らえると、波が『たぶたぶ』と鳴る。これは『あみだぶつ』ととなえているのと同じことである。したがって、あなた方は必ず往生できる」と説いた。これにより、多くの「財宝」を布施としてあたえられたという。僧侶にとって不本意ではあるが、狩人・漁人に対しては、いわゆる「対機説《たいきせつ》法《ぽう》（相手の素質などに応じて説法の内容を変えること）」が必要とされた。そのなかで、「殺生行為が神・仏への奉仕であるかぎり、それは罪業ではなく、むしろ功徳となる」という論理がうまれていたのである。

殺生仏果観という論理

こうした考え方を、端的にしめす呪文がある。これを「諏訪の勘文《かんもん》」という。現代では少なくなったが、かつてはマタギなどの狩猟者が、獲物をとらえた際、その霊魂をまつるためにとなえていたという。その早い例は、南北朝期に成立した『神道集』巻一〇、諏訪縁起事に見える「業尽有情、雖放不生、故宿人天、同証仏果」という一文である。口でとなえる場合は、「ゴウジンウジョウ、スイホウフショウ、コシュクニンテン、ドウショウブッカ」と音読みにする（地域により、違いがある）。訓読してみると、「業《ごう》の尽きし有情《うじょう》、放つと雖《いえど》も生ぜず、故に人天に宿し、同じく仏果を証す」となる。「すでに生命の尽きてしまった生類を、今さら放ったところで、生きかえるわけではない。そこで、人間の腹におさめてやることで、成仏させるのだ」といった意味であろう。

人間が食べることで、生類が成仏できる。この点は、すこし補足が必要である。諏訪の神の本地は仏なのであるから、そこにそなえられるだけでも、生類は成仏できる。ここではむしろ、神にささげられた生類を「おろし（おさがり）」として人間が食べ、その人間が仏教にふれることによって、生類も成仏できるという筋道ではないだろうか。

こうした論理をもちいることで、狩猟・漁撈と肉食の罪業は免責される。殺生罪業観を真っ向から否定するこの論理を、一般に「殺生仏果観」とよんでいる。先に見た「一殺多生」の論理とともに、仏教のがわが説く論理としては、極北のものといえるだろう。

では、この論理によって、古代末期から構築されてきた殺生罪業観や堕地獄観は、完全に崩壊するのだろうか。そう考えるのはたやすいが、実際にことはそう単純にはすすまない。そもそも、獲物をしとめた際に、「諏訪の勘文」をとなえなければならないということは、裏をかえせば、それだけ罪業観がつよかったということでもある。

千葉徳爾氏がしめした狩猟伝承史料のうち、鹿児島県大口市針持《はりもち》の「山法」によると、射とめた獲物に対して猟師は「射し者も、射られし者も、同じ名の、ケンマン（未詳）地獄も許し給えや」という和歌、「迷故三界域、語故十方空、本来無東西、我生有南北」および「業尽有情、雖放不生、故宿人天、同証仏果」の呪文、南無阿弥陀仏という念仏、これらを三回ずつとなえるという（千葉『狩猟伝承研究』附録5）。獲物をしとめ、その霊魂をまつるのに、人間の臨終とおなじような手つづきが必要とされたのである。

また、愛知県北設楽郡豊根村の「山神祭文」（同前、附録15）には「罪科ヲトシ（罪科落とし）」として「同生仏果にして行なうに行なわれる道なれば、四天王の手に掛ける、我恨みをなすなよ」という呪文が見える。「是《これ》は死兼《しにかね》る猪鹿鳥にてもうつ時、此もんをゆふて矢を引く」という注がしるされている。死にきれないでいる獲物にとどめをさす際、恨みをうけないように、また罪業を得ないように、この呪文が必要とされた。猟師の内面において、殺生の「うしろめたさ」や「罪業観」はたしかに存在したのである。

しかし、社会的分業として狩猟・漁撈を行なう者だけが、殺生による堕地獄の罪を引きうけなければならないというのも、一面では理不尽であろう。こうした、ぎりぎりの苦悩を僧侶のがわも認知するかたちで、殺生仏果観が説かれたものと考えられる。この背景には、僧侶における肉食の一般化という弱みもあったかもしれない。ただし、これにより罪業観は軽減されるかもしれないが、一方で狩猟・漁撈者は生類をしとめるたびごとに、先のような仏教的所作を行なわなければならなかった。その都度、みずからの生業を、仏教がわからの視線で意識しなくてはならないのである。ここには「罪業は軽くなるが、殺生行為そのものへの意識は深まる」という奇妙な矛盾がある。

地獄の観念が深刻とはいえ、浄土に段階差がもうけられた時点で、狩猟・漁撈者にもまた救済が予定されていたはずである。しかし、だからといって、彼らが何も考えずに殺生行為をつづけて良いわけではなかった。地獄や極楽の観念は一種の社会常識となっており、その世界観そのものは否定できない。一方で、彼らの内面には本能的な「生類に対するうしろめたさ」も存在した。僧侶が彼らに対し、実際に殺生の罪を説く機会もあったろう。その状態で「神仏への奉仕としての殺生は功徳になる」と説かれたところで、手ばなしで信じきることは難しい。殺生仏果観は「安心」というよりは「気やすめ」、罪業観からの「解放」というよりは「微妙な対峙《たいじ》」としてとらえられるのではないだろうか。猟師・漁師の方が一般の農民よりも信心深かったといわれるのには、そうしたいきさつがあった。

仮に「殺生仏果観によって、罪業観が無化される」と考えてしまうと、もうひとつ理解不能な事態に直面する。殺生仏果観は鎌倉時代の中期には形成されていたと思われるが、この時期にそれとまったく逆行するような事態が進行していた。それが西大寺の叡尊《えいぞん》による戒律復興運動であり、その一環が多くの人々に対する殺生禁断活動であった。現代からすると異様にも思われるが、この時期、民衆のがわがすすんで殺生禁断を受けいれることが、大きな潮流となっていったのである。

殺生と武士の苦悩

西大寺叡尊の殺生禁断活動

鎌倉仏教界の課題

よくいわれるように、鎌倉幕府の上層、特に執権北条氏（得宗《とくそう》ともよばれる）は、禅宗（臨済宗）をあつく保護した。建長寺や円覚寺の建立などが知られ、当時の鎌倉は、中国風の禅宗寺院がならぶ擬似的な国際都市であったともいわれる。しかし、一方では真言律宗という教えも浸透しており、従来の顕密仏教ともあわせて、禅宗・律宗が併存するという状況であった。これらのなかでも、幕府政治への影響という点では、真言律宗の方がひとつぬきんでていたかもしれない。真言律宗をうちたてたのは、思円房叡尊《えいぞん》という僧侶であり、実はこの人物こそが、鎌倉後期における仏教界の第一人者であった。鎌倉に真言律宗が浸透するのは、彼の弟子の良観房忍性《にんしょう》によるところが大きい。そして、この教えがあらわれてくるのには、それなりの理由があった。

鎌倉時代の仏教界の問題は、大きくふたつあげられる。原田正俊氏が指摘するように、第一には破戒、第二には我執《がしゅう》である。破戒は文字どおり、戒律をまもらないこと。我執とは、自分のまなぶ宗派（宗学）を最上と考え、他をさげすむ態度のことである。鎌倉時代後期の『天狗草紙』には、破戒・我執・驕慢《きょうまん》（おごり）といった罪にふける僧侶が、天狗のすがた（烏天狗。後世にいうところの「おごりたかぶる天狗」）としてえがかれている。無論、こうした状況に疑問をもつ僧侶も存在した。

彼らの多くは、寺院内部で学問と出世にはげむ「聖道門《しょうどうもん》」という僧侶ではなく、寺院の外に出て修行に没頭し、あるいは諸方を遊歴して諸宗を広くまなぶ「遁世門《とんせいもん》」という僧侶であった。彼らはいわば、体制内部の改革派である。当時の仏教界の問題は、破戒と我執であったから、彼らの課題もまた、そこに焦点があわせられてくる。そうした課題にこたえた僧侶のさきがけとしては、大和の笠置寺《かさぎでら》や海住山寺《かいじゅうさんじ》で活躍した解脱《げだつ》房貞慶《じょうけい》があげられる。その著作『戒律興行願書』は、戒律の重要性とその復興をうったえたものである。叡尊もまた、やがて貞慶の弟子を介して、戒律をまなぶことになる。

思円房叡尊の登場

のちに叡尊と名のる人物は、建仁元年（一二〇一）五月、大和国添上郡箕田里にうまれた。源氏のうちでも、木曽義仲の系統といわれる。父は興福寺の僧侶の慶玄で、この点では「僧の家」の子息としてうまれたことになる。

七歳の時に母と死別したため京都で養子となったが、やがて新しい母とも死別する。建暦元年（一二一一）醍醐寺に入り、はじめ円明房の叡賢、のち安養院禅密房の栄実に師事した。建保五年（一二一七）円明房の恵操を師として、正式に出家をはたす。高野山、大和長岳寺などで真言密教をまなび、また貞慶の弟子の知足房戒如に律宗をまなんだ。

図10　興正菩薩叡尊坐像（西大寺所蔵）

しかし、叡尊には真言密教への根本的な疑問があったらしい。文暦元年（一二三四）三四歳の年に、叡尊はつぎのように自問している。「師匠から印可（免許）をもらって一〇ヵ年、さまざまな修行を積んではきたが、由緒正しい真言密教の行者でも、『魔道』に堕ちることがあるのはなぜか」（『金剛仏子叡尊感身学正記』同年条）。ここで「魔道」というのは、第六天ともいい、「僧侶のための地獄」のことである。僧侶の臨終の際に、魔道に住む「天魔」があらわれ、ことばたくみに僧侶を魔道に引きこむという。特に、僧侶が苦しげな表情（悪相）で死去した場合、魔道に堕ちたと判断された。この世に何か執着をのこしていると、魔道に堕ちやすいともいわれる。

この疑問を考えつづけてきた叡尊は、ついに「真言密教の行者が、正統な戒律をまもらないからだ」という答えにいたった。当時の風潮を考えれば、ごく自然な回答ともいえるだろう。しかし、叡尊が従来とことなるのは、それに根本的な解決法をあたえようとしたことである。その解決法とは、従来にない独自の受戒の作法であった。

自誓受戒の考案と戒律復興

寺院の生活規則としての戒律は出家の際、これをまもるかどうかが、かならず問われる。これを、「具足戒《ぐそく》」という。日本では、東大寺戒壇院・筑前国観世音寺・下野国薬師寺に「戒壇」という施設がもうけられ、三名の師と七名の証人（三師七証）が臨席したうえで、出家予定者に具足戒がさずけられた。

一方、歴史的におくれて成立した戒律に「菩薩戒」という戒律がある。これには、摂《しょう》律義《りつぎ》戒（戒律をまもること）、摂作善《しょうさぜん》戒（善行をすること）、摂衆生《しょうしゅじょう》戒（生きるものすべてに利益をあたえること）がふくまれ、これらを三聚浄戒《さんじゅじょうかい》という。大乗仏教の理念をしめしたものだが、これと具足戒との兼ねあいが問題となることがある。戒律として、どちらを選ぶべきか、両者はおなじなのか違うのか、といった問題である。

およそ、奈良（南都）の諸寺院では伝統的に具足戒の授受が行なわれ、それとは独立して、延暦寺では菩薩戒の授受が行なわれていた。延暦寺のがわでは、菩薩戒の授受によって具足戒もさずかると考えていたようである。一方、叡尊は奈良を中心に活動しており、具足戒に軸足を置くべきだが、その実態は、戒律をまもって生活する僧侶がほとんどいないというものであった。受戒の師となるべき僧侶も、実はいないということになる。東大寺戒壇院での受戒については、当時の僧侶らの認識からしても、疑問があったらしい。これを叡尊は「如法（正当）な戒律の欠如」と認識した。基盤となる戒律が正当でなければ、いかなる修行も無駄になってしまうだろうと考えたのである。

おりしも文暦元年（一二三四）冬、松春房尊円という僧侶が、西大寺宝塔院に戒律をまもる僧侶を置き、戒律の復興をとげようとしていた。叡尊は、尊円のいた東大寺戒禅院におもむき、自分もその活動に協力したいと願い出た。これをゆるされた叡尊は、翌嘉禎元年（一二三五）西大寺に移住し、あらためて戒律の復興をこころざすことになる。

彼はここで「興福寺常喜院に学律房覚盛《かくじょう》という僧侶がおり、戒律にきわめてくわしい」という噂を耳にした。叡尊は当時、「自分の身体は不浄であり、正式な戒律をうけるにはふさわしくない」との悩みをかかえていた。また、適切な授戒の師も望めないため、そのことを覚盛に相談したところ、「玄奘《げんじょう》の『瑜伽師地論《ゆがしじろん》』巻第五三などには、授戒の師がいなくても、仏前でみずから誓って戒律（菩薩戒）をさずかる方法が述べられている」との回答をうけた。これが、自誓受戒という方法である。この発案にしたがい、翌年（一二三六）八月、叡尊は先の覚盛および尊性房円晴・長忍房有厳《うごん》とともに、東大寺戒禅院・大仏殿・羂索院《けんざくいん》などにこもった。四人はここで何度か良夢を見たことで、戒律をさずかる機会がおとずれたと確信した。その結果、彼らは自誓受戒により、正当な僧侶として再生したのである。これによって、叡尊らが人々に正当な戒律をさずけることも可能になった。

叡尊の殺生禁断活動

これ以後、叡尊が西大寺、覚盛が唐招提寺、円晴が不空院、有厳が西方院を復興し、それぞれの活動にすすんでいくことになる。やがて、奈良の律宗（南都律）としては、覚盛の唐招提寺流、叡尊の西大寺流が、二大流派となっていった。特に叡尊は、弘安八年（一二八五）までに三万八〇〇〇人に戒律をさずけており、鎌倉後期において、上皇から被差別民にまでわたる一大受戒ブームをまきおこしたのである。

人々に戒律をさずける際、叡尊がもっとも重視したのは、第一重戒の殺生戒である。これにまつわる活動は、①世俗への殺生の禁止を説くこと、②狩猟・漁撈者の用具を没収・破却すること、③捕らえられた生類の放生を行なうこと、にわけられる。白河上皇による殺生禁断活動にも通じるものがあるが、あくまで自発性を重視しており、強制的かつ過激なものではない。「六斎日にのみ殺生を禁断すれば良い」、「可能なかぎりで戒律をまもれば良い」というように、叡尊による授戒は、きわめて柔軟なものであった。

叡尊による殺生のとらえ方について、独創的な部分はあまり見られないようである。叡尊が晩年にしるした弘安七年二月二十四日奏状（『鎌倉遺文』一五〇七八号）では、「聖人の邦を治むるや、残に勝ち、殺を去るを以て徳となす」、あるいは「殷・湯の徳を禽獣に施すや、国を獲《と》ること四十箇国、周・文の慈を昆蟲《ちゅう》に垂るるや、年を延ぶること九十七年」と中国の聖帝の例をあげ、「仁と不殺、名は異なれど義は同じ」と述べている。従来のように、儒教の仁と仏教の不殺生戒を一致させる態度であろう。

この他、叡尊は「聖徳太子が手の皮を『梵網経』の表紙に張りつけた」（『興正菩薩御教誠聴聞集』)、「釈迦が日本に聖徳太子として転生した際、この国の人々が『人情簾悪《れんあく》にして、貪欲を行となし、殺害を業となす』という状態だったのを制止した」(叡尊『聖徳太子講式』) などと述べている。日本初の本格的な仏教保護者を、戒律にむすびつけたのであろう。これも為政者の逸話という点で、儒教とのかかわりを考えた方が良いかもしれない。

さらに蒙古襲来の時期になると、軍神である八幡神が重要になってくる。八幡神は隼人を殺した滅罪として放生を行なう神であるが、叡尊が石清水八幡宮での祈禱を依頼されるなかで、放生と殺生禁断の宗旨が利用・拡大されていくのである。

以上のような戒律と信仰により、叡尊は人々に殺生戒をすすめていった。これは個人の生活規範となっていくが、それが領域的な殺生禁断につながる場合もある。

殺生禁断状

具体的な方法としては、A寺社境内および周辺を殺生禁断とするもの、B個人の所領の内部を禁断とするもの、に二分される。Aの場合は、先に述べた律宗の「結界」、および従来とおなじような「仏前」の論理が利用された。興味深いのは、Bの場合である。

表を見ると、叡尊から受戒した人々の多くが「殺生禁断状」「殺生禁断起請文」という文書を提出していることがわかる。「起請文」とあることから、これはあきらかに「殺生

備　考	出典
	感学・行実
	感学・行実
東大寺末寺安倍山崇敬寺文殊院	感学・行実
	関往
中原師員後家亀谷禅尼所領．宇都宮生贄狩料所	関往
一条局〈大納言通方卿女〉私領．（a）千代川の瀬張簗あり．（b）湖山池の磯漁・地引網漁あり．（c）伊勢神宮の御厨	関往
大納言阿闍梨二条能教所領	関往
越前守北条時広妻所領	関往
	感学・行実
網・引釣・岩・鹿笛・鷹鈴・救兎台の提出，焼却	感学・行実
	行実
平（北条）時俊所領，東西三里・南北廿四五町	感学
橋寺堂供養，筌・網焼却，生鯉放生	感学・行実
	行実
	行実
殺生禁断状を以て叡尊を勧請	感学
	感学
	感学・行実
	行実
殺生具焼却	感学・行実
宇治橋供養による	感学
	感学・行実
両三年殺生禁断	感学
「随分殺生禁断状，一千七百余人姪女等，毎月持斎〈随分不定日六斎等也，或一日二日〉」	感学・行実
宇治橋供養	行実

興正菩薩行実年譜』，（3）『関東往還記』の略である．

よった．

表　叡尊による殺生禁断（領域）一覧

年月日	西暦	範囲・対象	文書等
寛元元年８月	1243	大和国清原・西方寺・懸養寺・新賀	勅許
寛元２年２月26日	1244	十郎入道所領四郷	罰文提出
寛元２年10月25日	1244	大和国安倍文殊堂25ヵ所	
弘長２年４月11日	1262	観証知行の所領内の漁撈	
弘長２年６月15日	1262	下野国那須郡那須上荘内横岡郷高名狩蔵	殺生禁断状
弘長２年６月23日	1262	（a）因幡国高草郡古海郷，（b）同国同郡福井・伏野保，（c）美濃国石津郡時・多羅山，（d）常陸国南塩橋村	同上
弘長２年６月26日	1262	筑後国御原郡石田荘	同上
弘長２年７月30日	1262	武蔵国都築郡佐江戸郷	同上
文永６年10月７日	1269	紀伊国名草郡神宮寺領十九郷	
文永９年３月28日	1272	金峯山，20郷（永禁断），34郷（六斎日禁断）	
文永11年８月	1274	石清水八幡宮山内	
弘安４年３月４日	1281	播磨国美嚢郡淡河荘内	同上
弘安４年４月25日	1281	平等院，宇治川	
弘安４年５月26日	1281	河内国西琳寺四至内	（太政官牒）
弘安５年６月２日	1282	河内国西琳寺四至内	
弘安６年３月１日	1283	大和国宇陀極楽寺領数郷	殺生禁断状
弘安６年３月26日	1283	大和国安位寺領内	起請文
弘安６年３月29日	1283	大和国越智荘14郷	
弘安６年６月８日	1283	河内国西琳寺四至内	関東下知状
弘安６年10月16日	1283	摂津国忍頂寺５ヵ村	殺生禁断状
弘安７年２月27日	1284	宇治川網代（賀茂・松尾・富家殿供祭人）	（太政官符）
弘安７年４月11日	1284	摂津国鴨下郡茨木村６ヵ村	殺生禁断起請文
弘安８年７月23日	1285	播磨国法華山一乗寺所々	同上
弘安８年８月13日	1285	（播磨国安養寺にて）	殺生禁断状
弘安９年11月16日	1286	宇治川網代	（太政官符）・十三重石塔銘

※出典欄の感学・行実・関往は，それぞれ（１）『金剛仏子叡尊感身学正記』，（２）『西大勅諡
※※（１）と（２）の間で，年月日等の食い違いが見られる場合は，同時代史料である（１）に

をしないこと」を誓約する文書であろう。領域が明記されている場合は「領主が所領の内部で殺生禁断することを、叡尊または仏に対して誓約する起請文」と理解できる。これにより、個人の所領すなわち遠隔地へも、殺生禁断が拡大していくことになる。つまり、先に見たような「荘務による殺生禁断」が、応用されているのである。これは、弘安元年（一二七八）までに九一〇ヵ所で実施されていたことがわかっており、小規模なものとはいえ、全国に殺生禁断の領域が拡大していったことがうかがえる。

叡尊と武家層

多くの場合、起請文に所領をしるして提出したのは、荘園領主・荘官・地頭といった立場の人々だった。表のなかでいうと、亀谷禅尼（浄阿弥陀仏）は鎌倉幕府評定衆の中原師員《もろかず》の後家尼、一条局（土御門顕方の姉妹）は将軍宗尊《むねたか》親王の乳母、越前守広時妻は北条資時の娘、平時俊は執権北条氏の一族である。

彼らは叡尊と直接に対面し、説法や戒律をうけたうえで、起請文を提出している。この点で彼らは、叡尊の熱烈な信者ということができる。全体の傾向として武家層が多いのは、彼らのほとんどが、弘長二年（一二六二）叡尊の鎌倉下向の際に接見した人々だからである。彼らの影響力は、執権北条時頼や将軍宗尊親王にもおよび、鎌倉幕府は従来にもまして、八幡宮放生会の際の殺生をつよく禁断するようになった。

武家層は多くの場合、鎌倉幕府からあたえられた地頭職を有している。鎌倉後期には、ほとんどの荘園で「下地中分《したじちゅうぶん》（荘園領主と地頭それぞれの主権のおよぶ領域の折半）」がすんでいるので、彼らのもつ権限は荘園領主のそれと区別しがたくなっていた。その所領の内部で、彼らの権限によって殺生禁断がなされたのである。具体的には、彼らの代官（地頭代）などによって、領域の警護や狩猟・漁撈具の破却がなされたのであろう。

こうした叡尊の活動には、ひとつの前提があったようである。寛喜三年（一二三一）四月、紀伊国の武士・湯浅景基は、明恵房高弁に対して、つぎのように誓願した（『鎌倉遺文』四一二三七号）。

湯浅庄巣原村白上山峯は、明恵上人御房、御壮年の当初、閑居の御遺跡なり。よって、この麓において、別所を建立し、名づけて施無畏寺《せむいじ》と号す。山海四至を限り、永く殺生を禁断す。この山寺を以て、栂尾《とがのお》明恵上人御房に寄進し奉る所なり。（中略）件の寺敷地、殺生禁断の事、本願の趣に任せ、未来際を限り、敢えて改転有るべからず、

明恵の母は、湯浅氏の女性である。そのこともあり、明恵は神護寺を出てから、湯浅氏をたよって紀伊国で修行をつづけていた。ここでは、湯浅景基の発願によって、明恵が修行した湯浅荘巣原村白上峯が「施無畏寺」という寺院となっている。しかも、その領域は、

明恵の意志にもとづいて、「殺生禁断」とされた。この文書の末尾には、「湯浅党」とよばれる武士団のほぼすべてが連署しており、このとり決めにそむけば、「速やかにその氏を放つべきなり」、すなわち「一族から追放する」と明言されている。寺院における殺生禁断が武士団全体によって同意・承認され、その遵守が宣言されたのである。明恵は、叡尊に先だって戒律復興につとめた人物であり、その活動は叡尊自身も熟知していたはずである。とすれば叡尊は、自誓受戒以降のある時期、明恵の活動に案を得るかたちで、「武士による領域的な殺生禁断は有効である」との認識を深めていったのではないだろうか。

興味深いことに、叡尊の活動が、湯浅氏へ逆流的に影響をあたえることもあったようである。弘長二年（一二六二）四月、湯浅宗業は、紀伊国保田荘の星尾にある屋敷を寺院（神光寺）とあらため、その境内および周辺を殺生禁断とした。その際の寺領寄進状案（『鎌倉遺文』八八〇六号）には、

しかれは、彼《かの》堺にのそミて、若《もし》殺生する輩あらん時者、法にまかせて禁制せらるへし、其《その》身のとか（科）におきては、御寺之はから（計）ひにしたか（従）ひて、庄務之仁之沙汰として、こ（懲）らさるへき也、

とある。寺院境内および周辺で殺生する者があった場合、荘務の人、すなわち湯浅一族が

処罰するべきだとしている。さらに湯浅宗業は、このことを徹底する関東下知状（鎌倉幕府の命令書）を幕府にもとめ、実際にこれを得ている（『鎌倉遺文』八九〇四号）。この年、まさに叡尊が鎌倉に下向し、幕府の上層部と接していた。湯浅氏は、この時期の鎌倉における叡尊の活動と、影響力を熟知していたであろう。これに便乗するかたちで、所領の殺生禁断を命じてもらうことは、幕府に対する「宗教的迎合」につながる。こうした動きは、湯浅氏だけのものではなかったはずである。全国的にもこの時期、多くの御家人が、執権北条氏（得宗）と主従関係をむすんでいた。執権北条氏の一族が入れこんだのが、禅宗と律宗である。とすれば、全国の御家人も「宗教的迎合」として、自身の関係する寺院に、禅宗および律宗の僧侶を招いたと考えるのが妥当であろう。このようにして、叡尊が経営する西大寺は、全国に多くの末寺を獲得していった。そして、その末寺の境内および周辺でも、叡尊の主張する殺生禁断が行なわれたのである。

異国襲来と調伏祈禱

元（モンゴル）軍の襲来が現実的なものとなってくると、叡尊の活動は国家によって、ますます注目されていった。すでに叡尊は、正元元年（一二五九）八月、石清水八幡宮で一切経の転読《てんどく》（交替で読みあげること）を行なっていた。これには、石清水八幡宮善法寺の別当（僧侶の長官）が彼の信者となっていた事情もある。

文永十一年（一二七四）二月、叡尊は異国襲来に際して、伊勢神宮で調伏《ちょうぶく》の祈禱を行なった。異国が撤退したのちの建治元年（一二七五）三月、ふたたび伊勢神宮にて調伏の祈禱。弘安三年（一二八〇）三月、三たび伊勢神宮にて祈禱。弘安四年七月、再度の異国襲来に際して、石清水八幡宮にて異国調伏の祈禱。これらは、朝廷および幕府のはたらきかけによるものである。「正当な戒律」という日本仏教の根本を建てなおした叡尊は、つどってくる弟子や信者を組織して、さまざまな活動を行なうようになっていた。それらは大きく、①慈善救済事業、②土木事業にわけられる。特に弟子の良観房忍性による活動はよく知られており、①では貧者・病者・被差別民への食料・医薬・宿泊施設の提供、②では公共に使用される道路や橋などの建設があげられる。戒律の授受にくわえ、こうした活動が朝廷や幕府によって、観念の面でも実践の面でも、無視できない重みをましていった。叡尊はこうして、国家の頂点に立つ僧侶となったのである。

叡尊と八幡神のかかわりは、興味深い。叡尊自身によると、文永十一年八月、石清水八幡宮に参詣した際、神の託宣があり、「人々がこの山に立ち入って殺生をするので、諸神が胸を痛めている」とつげた。そこで叡尊はこれに応じ、周辺七里を殺生禁断としたという（『興正菩薩御教誡聴聞集』）。叡尊からすると、この託宣は八幡放生会とのつながりを得る絶好の機会であったろう。うがって考えれば、ここには叡尊の創作がひそんでいるかもしれない。国家的宗廟である石清水八幡宮で、殺生禁断が復興されたとなれば、それは当然、全国的にも影響をあたえざるを得ないからである。

ただし、ここでも叡尊は戒律に忠実である。弘安四年七月、異国調伏の祈禱をした際、叡尊は八幡神に対して「東風を吹かせ、異国の船を本国に送り帰してほしい。ただし、乗員を死なせたり、船を焼いたりはしないでほしい」と発言している（『金剛仏子感身学正記』）。現実ばなれしてはいるが、彼のきまじめな人柄をしめす逸話であろう。

宇治橋と宇治川の網代

仏教界の頂点に立った叡尊が、最晩年に精力をかたむけたのが、宇治橋をかけるための勧進事業である。ことのおこりは、弘安四年（一二八一）石清水八幡宮での異国調伏に先だち、叡尊が宇治平等院をおとずれたことにあった。

この時、のちに西大寺末寺となる橋寺（放生院）の堂供養が行なわれていた。これは当初、平等院が管理する小さな寺院であったらしい。現在でも、境内に宇治橋断碑《だんぴ》（古代の宇治橋架橋のようすがきざまれた石碑の断片）があることで知られ、宇治橋の管理にもかかわっていたようである。ただし、川の流れがはげしいこともあって、宇治橋は古代から何度も洪水によって流されてきた。そこで平等院の僧侶らが、「叡尊の権威と手腕でもって、この宇治橋を復興・建設してほしい」と願ってきたのである。

はじめはためらった叡尊だが、平等院の眼前に存在する網代の破壊を条件として、橋の復興勧進をひきうけることとした。これには莫大な寄付が必要とされるが、それは叡尊にとって、あまり問題ではなかったらしい。全国の西大寺末寺や信者から、寄付があつめられたからである。中原師員の後家である亀谷禅尼（浄阿弥陀仏とも）という女性などは、ひとりで銭一〇〇貫文（一〇万文）の額を寄付している。

弘安五年から、網代の破壊の準備がすすめられた。網代はかつて白河上皇によって破壊されたが、上皇の死後、ほどなく復活していたのであろう。網代はおもに、槇島に住む「村君」という漁民（槇島供祭人《ぐさいにん》とも）が経営し、かつてと同様に下賀茂社に贄を献上していた。これを破壊しようとするのは、平等院からする「仏前の論理」であって、琵琶湖での争いでも見たように、神社がわからの反対も相当につよかった。

しかし、弘安七年正月、亀山上皇の院宣《いんぜん》（命令）により、網代の破壊が開始された。下賀茂社には、網代の収益のかわりとして、出羽国の荘園があたえられることになった。二月には破壊が完了し、その証拠として叡尊には「網代停止官符《かんぷ》」とよばれる文書がくだされた。叡尊はこの文書を平等院の僧侶らにしめし、「今後、網代漁をする者がいたら、平等院の責任でふたたび破壊せよ」と命じている。

弘安九年十一月、宇治橋は完成し、その供養の際、破壊された網代の材木は川中の島（現在の塔島）に埋められ、そのうえに十三重石塔が建立された。塔の基礎の部分には、

図11　宇治十三重石塔

叡尊が網代を破壊する意趣を述べた願文がきざまれている。異国襲来により、国家と仏教のかかわりが高まったこの時期、白河上皇の時代と同様に、宇治川の網代は破壊された。先に「宇治網代は国家的な劇場」と述べたのは、このことによっている。

殺生仏果観と叡尊のあいだ

これら一連の流れを見ると、十二世紀前半から十三世紀後半にかけて、ゆるめられてきた白河上皇の殺生禁断策が、叡尊によって復活・強化されたように見える。しかし、鎌倉中期以降における殺生仏果観の形成を見れば、そう簡単に考えるわけにもいかない。ほぼおなじ時期、叡尊の殺生禁断活動と殺生仏果観の形成がすすめられているのである。このことは、どう理解すべきであろうか。

まず、基盤としての「殺生罪業観」の存在を疑うことはできない。殺生仏果観は「罪業から、どのようにのがれられるか」という疑問にこたえるための論理である。罪業観そのものは、すでに社会常識となっていたのである。したがって、無制限な殺生行為は従来どおり、禁止・自制されたと考えざるを得ない。しかし、それでも多くの殺生人をふくむ中世社会は、つねにその免罪符を発しつづけなければならなかった。その機能は、実は叡尊の活動にも秘められているように思われる。大胆なことをいえば、殺生仏果観の選択も、叡尊への殺生禁断状の提出も、究極的には「おなじこと」なのではないだろうか。

殺生仏果観をえらべば、殺生人は狩猟・漁撈を行なうたびに、自己の行為とむきあう機会をもつ。殺生禁断状の提出をえらべば、「自己に可能なかぎりで、殺生をとどめる」という内発的な自制をうむ。深刻な罪業観や堕地獄観から解放されるとはいえ、いずれも自己の生業への対峙をうむ点では共通するのである。問題はそれを、短絡的に堕地獄へむすびつけるかどうかという点である。ふたつの方法ともに、そうしたむすびつけをしていない点に大きな特徴がある。とすれば、このふたつの手段は、自己の所業を意識しつつ、「殺生堕地獄」をまぬがれる大きな逃げ道となったのではないだろうか。これにより、あからさまな堕地獄観は一定の留保をつけ、ようやく回避されたと考えられるのである。

民衆における殺生禁断活動の意義

実のところ、叡尊の活動には、こうした信仰の問題に解消されない側面もある。布教活動というものは、当初の意図とはべつに、社会においてそれとことなる意義をもつこともあるからである。

弘安四年（一二八一）五月、叡尊の活動によって、河内国西琳寺《さいりんじ》では境内の殺生禁断が行なわれた。実はこの前後、西琳寺とその境内に接する誉田山陵《こんださんりょう》（応神天皇陵）とのあいだでは、境界争いがおこっていた。いずれの領域でも「住人」の存在が推定できるため、西琳寺・誉田山陵ともに、以前に述べた「境内郷」的領域すなわち荘園的な領域であったと判断される。西琳寺境内の殺生禁断は、従来とおなじく近隣住民の立ち入りを禁じるものでもあった。したがって、叡尊の活動は、ふたつの領域のあいだの境界争論に介入するものだったことになる。さかのぼれば、それを期待して、西琳寺境内の住人が、叡尊の殺生禁断活動をうけいれたと考えられるのではないだろうか。

同様な例は、他国においても見られる。乾元年間（一三〇二〜〇三）以降、山城国禅定《ぜんじょう》寺《じ》と曽束荘《そつかのしょう》のあいだで境界争論がおこっている。いずれの領域も、宇治川の沿岸に位置していた。禅定寺のがわの主張は「曽束荘の住人が、殺生禁断とされたはずの宇治川に、網代をもうけて漁撈を行なっている」というものであった。ここにいう「殺生禁断」の根拠は、あきらかに叡尊による宇治網代の破壊にある。さらに、禅定寺のがわは「網代が、禅定寺の眼前にある」という「仏前の論理」も援用している。禅定寺にも、先の西琳寺と同様に「住人（百姓）」が存在し、その境内は時に「禅定寺荘」といわれることもあった。するとこの争論は、実質的にふたつの荘園のあいだのものであったことになる。その一方のがわの主張として、叡尊の殺生禁断活動が根拠とされたのである。

ここからは、皮肉な現実がうかびあがってくる。叡尊自身は、戒律を根本的にたてなおし、それを世俗にひろめようと努力した。ところが、こと領域という部分になると、その意図は正確にはつたわっていない。殺生禁断活動が領域的なものでもあったがために、それが土地の占有を正当化する論理としてはたらくことがあった。叡尊の主張をうけいれ、殺生禁断状を提出した人々によって、その趣旨は「共同体の領域を、殺生の排除という論理によってまもる」というものに変化していったのである。一方、彼ら自身が殺生禁断の誓約をまもりつづけたのかというと、どうもそうではないらしい。

弘安六年十月、叡尊に殺生禁断を誓約した摂津国忍頂寺《にんちょうじ》五ヵ村は、後年になって、隣接する勝尾寺から、その殺生行為を非難されている。狩猟・漁撈という行為は、村落にとって容易にとどめられないものであった。さかのぼれば、隣接する領域からの侵犯をとどめるため、他ならぬ忍頂寺五ヵ村によって、叡尊の活動が利用されたと考えることができるかもしれない。共同体は、他者の殺生（違反）行為を非難しながら、自身の殺生（違反）行為については、つねに「棚あげ」する可能性をもつ。

宗教者の精神は、そのまま直接に、世俗につたわるのではない。それをうけいれる世俗のがわにも、さまざまな思惑がある。また逆に、宗教者はそのことを見こして、つたえるべき言説を構築していくことがある。殺生仏果観にしても、叡尊の殺生禁断活動にしても、こうした微妙な関係を如実にしめしているように思われる。

殺生人としての武士

武士と殺生

ここで、すこし時計の針をもどしてみよう。何度か述べたように、武士はその武力と凶暴性によって、寺院や神社から忌避《きひ》される存在であった。特に中世初期における武士のふるまいは、ほとんど野蛮ともいえる。彼らに対する寺社の憎しみが、結果として社会全体への殺生罪業観をあおってしまったという側面もある。

武士はもともと、狩猟民的な生活文化をもつ人々が、蝦夷《えみし》との戦争や地方反乱の鎮圧のなかで、騎射《きしや》（馬に乗って弓を射ること）の技術をみがき、その力量が朝廷によってみとめられたという経歴をもっている。高貴な血筋をもつ源氏や平氏など、一部の上層が軍事貴族として中央で活躍できたのは、そうした公的追認のあらわれである。

一方、鎌倉時代後期には、西大寺叡尊の活動によって、幕府も殺生禁断に積極的にとり組んでいく。このことは、一見すると矛盾することのように思われる。それを理解するためには、武士における回心《えしん》・改心のような事態が想定されなければならないだろう。しかし、それはおそらく、ひと筋縄ではいかない問題である。武士がいかに殺生禁断にとり組んだとしても、戦争を生業とする彼らの性格は、容易には変えられないからである。

鎌倉後期の武士には、殺生戒をはじめとして仏教に親しんでいく側面と、それでもなお戦闘・殺人にたずさわらなければならない側面のあいだで、苦悩と葛藤がうまれるはずであろう。ここでは、そのようすを観察してみたい。

武士の所業

まず、中世初期の武士にまつわるイメージを見てみよう。『今昔物語集』巻一九第四、摂津守源満仲出家語は、源氏の祖とされる多田（源）満仲の生活のありさまについて、つぎのようにしるしている。「満仲は、六〇歳をこえているのに、いまだ鷹飼・鷲飼などの狩猟、網曳《あみひき》・簗《やな》などの漁撈にふけっている。また、自分の意に反する部下がいると、虫でも殺すかのように殺してしまう。多少、罪が軽いと感じる場合は、その手足を斬って罰する」。この他、同集巻一四第一〇、陸奥国壬生良門棄悪趣善写法花語では、陸奥国の壬生良門《みぶのよしかど》の生活について「弓矢を以て朝暮の翫《もてあそび》として人を罰し、畜生を殺すを以て業とす。夏は河に行て魚を捕り、秋は山に交《まじ》はりて鹿を狩る」とあり、同巻一九第一四讃岐国多度郡五位聞法即出家語には、讃岐国多度郡の源大夫について「心極めて猛くして殺生を以《もつて》、業とす。日夜朝暮に山野に行て鹿・鳥を狩り、河海に臨《のぞみ》て魚を捕る。亦、人の頸を切り、足手を折らざる日は少なくこそありけれ」と述べられている。

　これらを総合すると、武士は狩猟以外にも、河海での漁撈を行なっており、また配下の人々を簡単に殺してしまう性向をもっていたことになる。さらに、武蔵国の武士の生活をくわしくえがいた「男衾三郎《おぶすまさぶろう》絵《え》詞《ことば》」（『続日本の絵巻』一八）には、「馬庭《まにわ》の末《すえ》に生首絶やすな、切り懸けよ。此の門外通らん乞食《こつじき》・修行者めらは用ある者ぞ、蟇目《ひきめ》・鏑《かぶら》にて駆け立て駆け立て追物射《おものい》にせよ」という文章がある。つまり、「屋敷内の馬場には、人間の生首を絶やすことなく吊るしておけ」、「屋敷の門前を通る乞食や僧侶は、捕らえて犬追物の犬のかわりに鏑矢の的にせよ」というのである。生首は、いくさの神にささげるためのものであろうか。毎日のことであるとすれば、どれほどの人命がうしなわれたのであろう。武士の屋敷は、地域の住人にとって「恐怖の館」に他ならなかったことになる。

　したがって当時、武士が「地獄に堕ちる」と考えられたことも、無理なく理解できる。『今昔物語集』巻一五第四六、長門国阿武大夫往生兜率語、および同巻第四七、造悪業人最後唱念仏往生語によると、殺生などの悪行にふけっていた武士が、臨終の際、火車や悪鬼などの地獄の使者にむかえられたとされている。『古事談』第四、勇士の項でも、源義家の臨終の際に、鬼が「無間《むげん》地獄之罪人」と記した札をつけ、彼をひきたてたという。武士が外部からそうした目で見られていたことは、彼ら自身も意識していたであろう。

武士と出家

一方、殺生を軸とする生活をいとなんでいてこそ、武士が戦場で手柄をあげられたという側面もある。つまり、武士が戦場で迷いなく行動するためには、日常的な凶暴性のなかに身を置く必要があった。それには、肉体的・精神的な訓練や準備段階という意味もある。この点は、個人の志向という次元では、いかんともしがたい問題であった。

一方、右の『今昔物語集』の説話の多くは、武士の仏教的な救済を語っている。たとえば、多田満仲はその末子が延暦寺に入り、源賢という僧侶となっていた。やがて、源賢が師の院源をともなって摂津にくだり、満仲に説法を行なうと、すぐに彼はみずからの行ないを懺悔《ざんげ》して、多くの部下とともに出家をとげたという。

仏教説話集には、武士がみずからの罪業を意識して、仏教的な善行にむかっていくという内容が多い。先にあげた「武士が地獄の使者にむかえられる」という説話でも、ぎりぎりのところで、生前の善行によって地獄をまぬがれて蘇生するという筋になっている。そこまでいたって、ようやく武士が改心し、仏教的善行にはげんでいくのである。したがって、その先の選択肢として、武士が出家することも当然ありえた。

五味文彦氏によっても指摘されているが、鎌倉時代の著名な僧侶には、武士団の出身者がきわめて多いという事実がある。東大寺を復興した重源《ちようげん》は紀氏《きのし》、その右腕となった文覚《もんがく》は渡辺党の遠藤氏、西行は佐藤氏、法然は美作国の漆《うるま》（漆間）氏、明恵は母方が紀伊国の湯浅氏、叡尊は源氏、一遍は伊予国の河野《こうの》氏の出身、といった例があげられる。

これには、すでに中央の文化に親しんでいた武士団が、みずからの子弟を大寺院に送りこんでいたという事情もある。武士団の内部では、庶子のひとりを僧侶とし、一族の菩提をとむらわせるという風習があった。一方、彼ら個人の強烈な体験が、出家にむすびつく場合もある。よく知られているのは、文覚と法然の例であろう。

宿業としての殺生

多分に伝説的な要素がつよいが、『平家物語』諸本によると、文覚はもと遠藤盛遠《もりとお》と名のっていた。渡辺橋の落成供養の際、盛遠は袈《け》裟《さ》という女性を見そめたが、彼女にはすでに夫があった。盛遠は、袈裟の母親の養子となることで、袈裟に言いよっていく。その結果、袈裟は「夫を殺してくれるなら」という条件で、盛遠との婚姻を承知した。闇に乗じて夫を殺せたと思った盛遠だが、実際に殺したのは、男装をした袈裟であった。衝撃をうけた盛遠は夫ともに出家し、のちに文覚と名のったという。異本によっては、妻を殺された夫（秋山俊乗《としのり》）が、のちの俊乗房重源になったともいわれる。

おなじように、法然の体験も強烈である。「法然上人絵伝」巻一（『続日本の絵巻』一）によれば、彼は幼少の頃に、父親（漆間時国）を、敵対する武士（源内武者定明《げんないむしゃさだあき》）によって殺害されている。これは、美作国の在庁官人および稲岡荘の荘官であった漆間氏と、同荘の預所である源氏とのあいだの対立に起因するものである。しかし、瀕死の父は「絶対に復讐など考えず、出家して自分の菩提をとむらえ」と命じた。法然（幼名は勢至丸）はこれを忠実にまもり、奈義山菩提寺で出家をとげるのである。

文覚の場合は「愛する者をみずから殺した」という体験、法然の場合は「武士団どうしの対立によって、父親が殺害された」という体験が、大きな転機となっている。いずれにしても、「殺人」という武士の宿業《しゅくごう》に根ざすものであろう。彼らは、武士の世界にとどまることをせず、その罪業を克服するため、仏教の世界に身を投じたのである。

ただ、これらは鎌倉後期から末期に語られた内容であって、当然ながら事実そのものではないだろう。この時期における、「罪業に苦悩する武士」という典型的なイメージが反映している可能性もある。では、これらとは別な性格の史料から、「武士は、なぜ出家するのか」ということを、あきらかにはできないのだろうか。

尾道浄土寺の深教房定証

右の疑問にこたえるものとしては、ほとんど唯一といってよい史料が存在する。「浄土寺文書」嘉元四年（一三〇六）十月十八日定証起請文（『鎌倉遺文』二二七四七号）である。武士団の惣領に予定されていた人物が出家し、西大寺叡尊の弟子となるのだが、その本人が出家のいきさつを語っている。史料の筆者は、備後国尾道浄土寺（広島県尾道市）を中興した深教房定証《じょうしょう》という僧侶である。

その後半部によると、西大寺で二十余年を過ごした定証は、永仁六年（一二九八）に九州へくだり、真言律宗の布教につとめようとした。しかし、備後国尾道浦の曼陀羅堂にたち寄った際、尾道浦の有力な古老たちから、ここにとどまるよう勧誘をうけて勧進（募金活動）を開始し、諸堂舎を建立した。嘉元四年九月には大和西大寺長老の信空をまねき、十月一日から十三日まで一連の供養が行なわれた。

起請文の前半には、定証の前半生がしるされている。それによると、定証は紀伊国の武

図12　尾道浄土寺と多宝塔

多宝塔は嘉暦３年（1328）の建立．定証の勧進造営より20年ほどのちの建立になる（広島県写真提供）

士の家にうまれたという。別の部分によると、彼の所領は水無瀬川の西にあり、そこに氏寺および西大寺の末寺として「金剛寺」を建立している。金剛寺跡は池田荘域の中三谷《なかみたに》集落（和歌山県紀の川市）にのこっており、在地領主として池田尾藤《びとう》氏の存在が指摘できる。定証が、同氏の出身であった可能性は高いだろう。ここには、俵藤太《たわらとうた》墓とつたえられる石造五輪塔ものこされているが、これはおそらく尾藤氏の墓と思われる。

出家のいきさつ

定証は文永十年（一二七三）

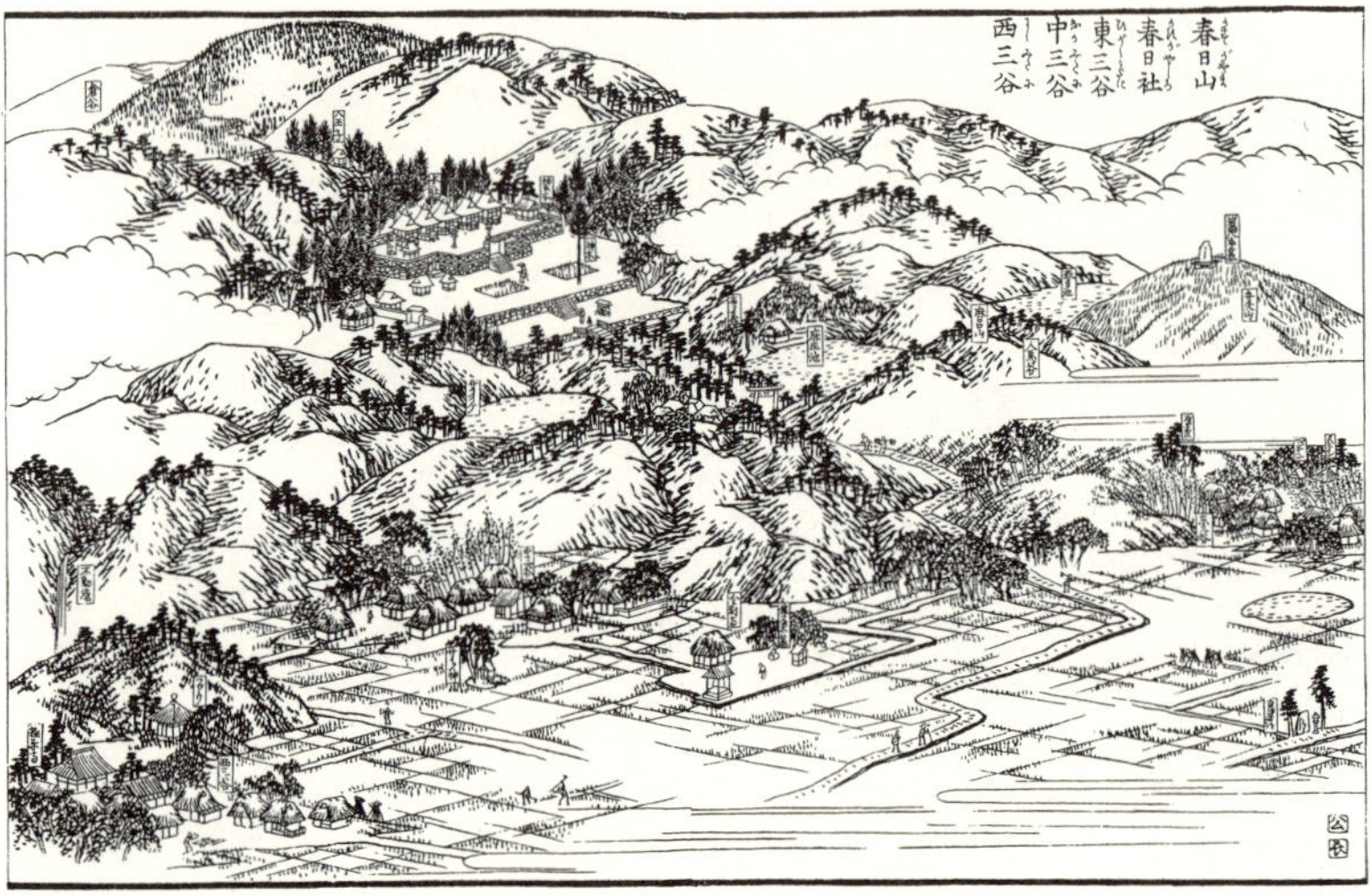

図13　紀伊国那賀郡東三谷周辺

中央下部に「金剛寺」「俵藤太墓」が描かれている．深教房定証の出身である池田尾藤氏の氏寺と墓所であると思われる（『紀伊国名所図絵』２編巻之１）

の秋、友人の武士たちと詠歌・酒宴に興じた際、突然に第一の「一念菩提之心」をおこした。しかし、この時の発心の内容は、具体的にあきらかでない。翌年の春、彼は六波羅探題に出仕することになった。異国襲来がせまった時期でもあり、そのための準備であろうか。そうすると、彼がこの直後、北九州に出陣を命じられる可能性があったかもしれない。この時期、彼はある名家の武士を見て、それは「先祖名将の家風を継ぎ、後胤《こういん》重代の潤屋《じゅんおく》に富むの故」であると考える。

　しかし、「勇士」は「戦陣の時、

皆命号《めいごう》に替えて名を留むる」が、「名号に替えて命を留むる」ことはできず、「勲功の賞、家に伝わり、永く子孫の繁昌を致す」一方、自身は「闘殺の罪を身に随《したが》え、独り泥梨《でいり》の苦果を受」けねばならない。武士は、戦陣で命をかけることにより、名誉を後世につたえ、家の繁栄を願うものだが、自身はその「闘殺の罪」によって、地獄に堕ちねばならないというのである。

こう考えた彼は、「中有《ちゆうう》の路」「後生の要《かなめ》」（往生のこと）のため、「戒及び不放逸《ふほういつ》を施」し、「戒を究竟《くきよう》として」生きてゆくのが肝要であると考えるようになった。これは彼が、自身の往生の手段として、戒律の遵守を考えはじめたことを意味する。

帰郷したのち、「善知識の汲引」により、長谷寺に参詣した彼は、仏前において「三千三百三十三遍礼拝」を行ない、「発菩提心」を得ることを祈った。そして、「観自在尊」から「不思議妙瑞《みようずい》」をうけ、出家への願望を高めていく。彼が住んだ紀伊国池田荘は、観音信仰で著名な粉河寺《こかわでら》ときわめて近く、彼の周囲に観音巡礼をすすめる僧侶も多かったのであろう。その誘いによって、彼は大和長谷寺に参籠し、やがて夢のなかで観音から出家をうながされた。観音菩薩には刀杖《とうじよう》（兵難）や諸魔の退散などの力があり、地蔵菩薩とならんで、武士から信仰されやすいという性格をもつ。この夢告によって、彼は出家の決心をほぼかためるが、その師としてえらばれたのが、西大寺の叡尊であった。

叡尊との対話

定証は、文永十一年（一二七四）十一月下旬に奈良におもむき、西大寺叡尊に対面した。当時、叡尊の名声は当然、定証の耳にも入っていたのであろう。定証は叡尊に対し、つぎのような疑問をぶつけた。自分は「年来出家の志」をもっているが、父は「下愚《かぐ》一人の外、男子無きに依り、家業を継がしめんがために之を許さず」、これをふりきって出家するのは「不孝」となるか否か、という疑問である。定証には、他に兄弟がいなかった。つまり彼は、惣領に予定された人物だったのである。その彼が、父親のいいつけをふりきって出家するのは、不孝の行ないとなるかどうか。

これに対し叡尊は、つぎのようにさとす。「父母の恩」に対しては、いかなる「供養」「給仕」によっても報いることはできず、「出家之本意」をとげなければ、父子ともに「二世（現世安穏と往生）」を得ることができないのであるから、「恩を棄《す》て無為の所為に入るが真実の報恩（父母の養育の恩を捨て、仏門に入るのが真実の報恩）」である。これを聞いた定証は、出家の意をかためて郷里にもどり、ふたたび西大寺にいたって僧侶となった。

西大寺で二〇年以上を過ごした人物なので、のちになって誇張された部分があるかもしれない。しかし、彼が武士身分から出家した事実を疑うことはできず、惣領の立場をふりきって出家したことからは、相当の動機づけを想定すべきである。それは、およそ彼自身の生業への認識と苦悩によっているといると考えてよいだろう。

武士の苦悩とその後

定証の告白からは、以下のような点を指摘できる。

第一に、この時期の武士にとって、「職業的殺し屋」などといわれる家業・職能は、自身で疑問をいだかざるを得ないものとなっていた点である。これは従来からの浄土教による堕地獄観が、かなりの程度、武士にも浸透していたことをしめす。個人差も大きいと思われるが、この時期には、戦場における働きと、自己の往生を天秤にかけるような武士もうまれてきていた。武士から僧侶へ、という選択がひろまりつつあったのである。

第二には、父親という存在の絶対性である。武士においては、「父親の命令」をこえるような、いかなる倫理も存在しない。現代人からすると、想像もできないほど「父と子」のむすびつきはつよく、父の許しがなければ、子どもは出家することなどできなかった。定証もまた、そこに苦悩するのであるが、叡尊は「出家して親の菩提をとむらうのが、真実の孝行・報恩である」との論理で、彼の説得に成功する。定証がどのように父親を説得したのかは、あきらかでない。ただ、結果だけを見れば、それは成功したのであろう。姉妹に養子をむかえるという方法が、妥当な線であったと思われる。かたや「自分は親の菩提をとむらう」という分担を提示することで、話がついたのではないだろうか。こうして自由の身となった彼は、叡尊のもとで修行にすすんでいくのである。

ここまでの事情を、先の文覚と法然の例にかさねてみよう。彼らの出家の事情は、当事者であるなしにかかわらず、いわば武士の宿業に由来するものであった。定証のことばによれば、それは「闘殺」ということになる。その罪業を怖れる武士は多く、またそのために出家した武士も多かったであろう。庶子の一人を僧侶となす、という習慣があったのならばなおさら、その一人に背負わされた罪業は重いものとなる。

一方、だからこそ、武士身分から出家した僧侶の、修行への動機づけはつよかったのではないだろうか。いわば、世俗における父親や主人に対する奉仕は、罪業観にあと押しされるかたちで、仏や師僧への奉仕にうつり変わっていく。だからこそ、彼らのなかには、時に過激な修行にすすんでいく人物が多かったとも考えられる。武士に出自をもつ僧侶は、仏教界において、別なかたちで「戦っていた」といえるのではないだろうか。このあたりの事情は、十六世紀のスペイン宮廷につかえたイグナチウス・ロヨラが、戦場での負傷をきっかけとして、過激な修行にすすんでいった道筋と似かよっているかもしれない。

内乱の展開と罪業観

右に述べたことは、狩猟・漁撈者のかかえる罪業観と同様のものである。それは当時、鎌倉幕府の上層も感じていたらしい。南北朝期に成立した『曽我物語』巻五（『日本古典文学大系』八八）における那須野の巻狩りの場面には、つぎのような逸話が見られる。建久三年（一一九二）四月、夏の那須野に鹿の声がするのを不審に思った源頼朝に対し、宇都宮朝綱《ともつな》が藤原保昌《やすまさ》の故事をあげて「この野の鹿も、明日の命をやかなしみて、なき候らん」とこたえた。それに感銘をうけた頼朝は、つぎのような措置をとった。

武士の宿命

それは、平氏の一類にて、かやうの善事をなしけるにや。我、源氏の正統也。いかでか、これをしら《（知）》ざらむとて、その日の御狩をと《（止）》ゞめたまふのみならず、末代までも、この野に狩をとゞむべしと、朝綱方へ御判をくだされけり。これ、ひとゑに保昌の例をひ《（引）》かるゝにこそと、感じ申さぬはなかりけり。これも、殺生を禁じ給ふにや、

これが、那須野の狩場（狩倉）における殺生禁断であることは明らかであろう。しかし、これは歴史的事実ではない。頼朝が那須野の巻狩りにおいて、生類への慈悲を意識したことは、『吾妻鏡』本文からまったくうかがえないからである。これはむしろ、叡尊による活動の影響をうけたのちの、鎌倉幕府の姿勢を反映したものと考えるべきであろう。これにより、鎌倉末期以降、将軍権力の象徴であった那須野の狩倉は、将軍が生類に慈悲をもたらす空間（「施無畏《せむい》」の地）として転生している。これは、古代における放生地と同様な機能をもつものであろう。武士の頂点に立つ将軍も、かつての天皇とおなじように、生類への慈悲をほどこす存在として理念化された。こうしたかたちで、武士の「闘殺の罪」は、その一部をそそぐことができると考えられたのであろう。

軍神の変容

そうはいっても、武士が「闘殺の罪」と無縁というわけにはいかない。まして、鎌倉末期から南北朝期にかけては、まさに「戦乱の時代」そのものであった。

叡尊が祈禱を行なった八幡宮の神は、敵方の死者をもとむらう性格をもっていた。戦争の滅罪のために、放生を行なうといわれていたのである。しかし、南北朝期の戦乱状況は、しだいに神々の性格を変化させていった。端的にいうと、軍神・武神という性格の先鋭化ということになる。その代表格は、勝軍地蔵《しょうぐんじぞう》の存在であろう。これは、インド・中国系の仏尊を逸脱し、ほとんど「和製の軍神」とも評価すべき存在になっている。一般には、合戦において、自軍のために矢を拾いあつめるはたらきをすることで知られる。

その形成過程については、黒田智氏の考察にくわしい。それによると、勝軍地蔵は、坂上田村麻呂伝承を媒介として、足利尊氏以降の室町幕府将軍によっても信仰されるようになった。したがって、勝軍地蔵は「将軍の地蔵」という意味をもつことになる。室町期のものと思われる「摂津国八部《やたべ》郡《ぐん》車村善福寺来歴事」(『兵庫県史』史料編・中世四)をあげよう。摂津国兵庫南礒の天火堂の本尊・矢拾《やひろい》地蔵の由来をしるしたものである。

足利尊氏が九州に出陣した際、「兵庫里民」にその由来をたずねた。里民の話によると、神功皇后の三韓征伐の際に、夷敵が摂津まで攻めこんで来た。そこで日本国の神々がたちむかったが、なかなか勝負がつかなかった。そこへ一人の「法師」があらわれ、落ちた矢を拾いあつめて献上すると、矢数は「万倍余」となり、これをもちいて神功皇后は勝利をおさめることができた。住吉明神が法師に素性をたずねると「自分は日本国の人々をみちびくためにやって来たのだが、ふいに異国が襲来し、布教をさまたげようとした。そこで矢を拾いあつめて、日本軍に加勢するのである」とこたえた。法師は「我はこれ、兵庫南磯天火堂の住僧なり」とあかしたため、天火堂本尊の地蔵の化身であることがわかったという。尊氏はこの地蔵を信仰し、やがて多々良浜《たたらはま》の合戦で、ひとりの法師を目にする。法師は、一本の矢を一〇〇〇本に増やしたため、尊氏の軍が勝利することができたという。

ここでは、敵方の死者について、ほとんど意識されていない。戦場において、武士にためらいはなく、戦勝ののちも、神はその軍功をたたえられるだけである。

武士と滅罪

一方、武士のがわでは、戦後それなりに「闘殺の罪」を感じていたらしい。よく知られることだが、後醍醐天皇の菩提をとむらうため、足利尊氏によって天龍寺が建立された。戦勝者が敗死者（怨霊）の鎮魂を行なうという伝統は、連綿と生きつづけていたのである。そして、この問題は従来とおなじく、仏教のがわが担当していた。

叡尊の律宗（真言律宗）は無論であるが、南北朝期以降、こうした武士の課題にこたえたのは禅宗（臨済宗）である。禅宗は、戒律を基盤とする点で律宗と共通するが、実際にはかなり融通無碍であったらしく、それは独特の思考法にもささえられていた。

歴代将軍の信頼があつかった義堂周信《ぎどうしゅうしん》には、『空華日用工夫略集《くうげにちようくふうりゃくしゅう》』という自伝的な記録がある。これによると、室町幕府の将軍をはじめとする上層の武家が、「闘殺の罪」に苦悩していたさまが見てとれる（以下、蔭木英雄『訓注　空華日用工夫略集―中世禅僧の生活と文学』〈思文閣出版、一九八二年〉による。便宜上、句読点をおぎない、かつ現代仮名づかいにあらためた部分がある。括弧内には、注をおぎなった）。

応安元年（一三六八）閏六月二日条には、つぎのようにある。

上杉霜台（朝房《ともふさ》）、北のかた賊を征し、賊退きし後、武城より帰る。今日特に山中（瑞泉寺）に入り、故府君（足利基氏の影像）に香を焚《た》き、余と対談す。遂《つい》に問う、「近ごろ謀叛者に因り、国の為に殺すこと太《はなは》だ多し。罪、何人《びと》に帰すべきや」。答う、「当《まさ》に用兵の者に帰すべし」。又問う、「一念不生、還《ま》た罪を受くる者有りや」と。余、声を励まして曰く、「且《しばら》く大話する莫《なか》れ」。又問う、「某《それがし》、近ごろ戦場に臨み、乃《すなわ》ち悔悟す。坐禅工夫せば、是《こ》の生死を怕《おそ》るる底《てい》の小乗心莫《な》きか」。余、曰く、「此の念を作《な》す莫れ。是れ乃《すなわ》ち一念不生の基根なり」。問う、「必竟に、作麼生《そもさん》か用心せん」。余、良久《やや》しくして云く、「会するか」。公、曰く、「会せず」。余、云く、「且らく去りて別時に来れ」と。

上杉朝房が、義堂周信に「自分は謀叛者を多く殺したが、その罪は誰が負うべきか」とたずねた。義堂は「それは、軍を指揮した者が負う」とこたえた。朝房は「一念不生（無念無想）であれば、罪はまぬがれるか」と問い、義堂は「ことさらに、ことばを発するな」とこたえる。さらに「戦場にのぞんで悔悟するところがあったが、坐禅をすればそこから救われるのか」と問う。ところが、義堂はそれに対して「考えるな。それが一念不生ということなのだ」という。朝房は「どういう心がまえをすればよいか」と問うが、義堂はしばらく黙り、「わかったか」と問いかえす。当然ながら、朝房は「わからない」とこたえる。義堂は「また今度、いらっしゃるがよい」というのである。

典型的な禅問答であって、何か「はぐらかされ」たような気にもなる。しかし、禅僧が明快にこたえる場合もあったようである。康暦二年（一三八〇）十一月十五日条は、足利義満のまねきにより、『円覚経《えんがくきょう》』を講説したのちの記事になる。

君、仍《よっ》て臨終時の用心工夫等を問う。斎罷《おわ》り、将《まさ》に去らんとせば、君、留めて問う、「殺命の罪、深きや否や」。余、曰く、「深し。殺者は今生に於《おい》ては短命、来生には必ず三途《さんど》に堕《お》ちん。最も禁ずべきなり。昔、放生池を置き、天子・大臣の生日に或いは天下、或いは一国一州一県、分に随いて放生し、延寿・増福を為すなり」と。

足利義満の問いは「殺生の罪は深いか」ということであった。それに対して、義堂は端的に「深い」とこたえ、「殺生をすると、現世では短命、来世では地獄に堕ちる。昔は放生池を置いて生類を放ち、それで延命・無病を祈ったのである」とする。強制はしないものの、将軍に対して、殺生禁断や放生をすすめていることになるだろう。さらに禅僧との問答は、戦争の是非におよぶこともある。永徳元年（一三八一）十二月三日条には、

太清《たいせい》（宗渭《そうい》）・相山《そうざん》（良永《りょうえい》）、斎伴。府君《ふくん》（義満）、問うに「文武を以て天下を治むる事」を以てす。余、曰く、「徳を修むるを以て文と為し、戈《か》を止《とど》むるを武と為す。武の用は天下を安んずるに在りて、必ずしも干戈《かんか》を事とせず。故に武王、紂《ちゅう》を誅して兵を戢《おさ》め文を修む。尚書の武成（『書経《しょきょう》』周書）に曰く、「武王、紂を伐ち、乃ち武を偃《おさ》め、文を修む」、是なり、と。

とある。武力の発動は天下をおさめるための手段であり、おさまったのちには、すみやかに武装解除すべきであるという。これらの問答から推測されるのは、じかに武士の罪業を指摘することは避け、遠まわしにそれを意識させるという話法である。実際の戦闘の罪については「考えるな」という一方、為政者たる将軍は殺生禁断や放生を義務とし、平時は

武威をひかえるべきであるという。一面では、禅僧が武家権力におもねっていると見ることもできるが、これには一定の効果もあったようである。

文化加担層としての武家権力

室町幕府にあっては、源頼朝が大規模にもよおしたような巻狩りは行なわれず、将軍による矢開《やびら》き（はじめての狩猟）、鷹狩り、犬追物《いぬおうもの》だけが儀礼的な行為として存続していく。かつて、武士の生活文化として欠かせなかった狩猟という文化要素は、しだいに縮小していくのである。これには、戦闘の訓練としての狩猟が不必要になるほど、戦乱が日常化していた事情があるかもしれない。事実だけを見ると、将軍が京都近郊の野山で巻狩りを行なったことはない。かつての狩猟王としての性格が、足利将軍からはほとんどうかがえないのである。これは一方で、武家権力が、公家・寺社に匹敵する文化加担層として大きく成長した指標でもある。それとひきかえるように、武家自身の「殺生」は、あたかも存在しなかったかのように隠蔽されていくことになる。

従来、天皇が発令した殺生禁断策も、足利将軍によって継承されている。『看聞日記《かんもんにっき》』応永二十七年（一四二〇）四月条によると、足利義満の十三回忌仏事のため、将軍義持の御教書により、天下の殺生禁断が命じられている。これは形式的なものではなく、守護―

守護代という命令系統でつたえられ、巨椋《おぐら》池の周辺では、漁民の名簿と舟の数が書きあげられた。「足網《あしあみ》」「釣具」などの漁具には、封がくわえられたという。これには、白河上皇による施策の模倣という意味があるかもしれない。この他、将軍の仏事などにのぞんで、しばしば殺生禁断が発令され、足利義教などは、その邸宅に放生池をもうけていたらしい（『看聞日記』永享三年五月六日条、同六年五月六日条など）。古代の天皇にも比すべき存在として、足利将軍が仏教理念を実践していると見ることができる。

殺生にまつわる武士の苦悩はやがて、足利将軍によって「殺生の罪を犯す武士が、いかにしてそれを克服できるか。また、罪深い武士が、どのように正しい政治を行なえるか」という問いに昇華されたように思われる。戦乱のなかに身を置く立場は変えられないのであるから、苦悩は相当に屈折したものにならざるを得ない。無論のこと、最終的な解答なども得られない。だからこそ、禅問答のような「論点をずらした」対応が必要とされたともいえる。こうした苦悩は、戦国時代を経て、やがて江戸時代の武士が為政者として存続していくうえで、重要な条件となっていく。徳川綱吉による「生類憐みの令」には、はるかに古い時代からの、巨大な前提があったと見るべきだろう。

政策と論理のはざまで——エピローグ

ここまで、日本中世における「殺生」の諸相を見てきた。「殺生」ということばをめぐり、かつてこれだけの問題がおこっていたのだ、ということを理解していただければ、筆者としては本望である。

殺生という問題

狩猟・漁撈は、人類にとって本質的な行為である。ところが、人類はどうしても、そこに特殊な観念をつけくわえてしまう。厄介なのは、時代がたつにしたがって、その観念が肥大化し、硬直化していくことである。この場合、狩猟・漁撈という行為が、「殺生」ということばでいいかえられているところに、大きな問題がある。人類にとって、動物性タンパク質は必要なものであるが、それを得るための行為は「罪業」であるという。たしかに「生類に慈悲をおよぼす」という点で、仏教の不殺生戒はすぐれた倫理性をもつ。しかし、それが日本において政策に転化した場合は、多くの問題が生じるように思う。

国家権力と殺生

第一に、それがまずは国家による主導であったという点である。不殺生戒はそもそも、寺院内部における自発的な生活規則であった。にもかかわらず、日本中世においては、それがあたかも世俗の法であるかのように、外部の社会に適用された。宗教界の戒律が国家権力によって世俗に拡大され、その体制のもとで、死刑をふくむ処罰までが行なわれるということは尋常ではない。このことは、中世の国家権力が、いかに仏教と強くむすびついていたかをしめしている。

古代における殺生禁断は、時間的な制限をもうけ、狩猟・漁撈者にも配慮した柔軟なものであった。それは、前代における「忌《い》み籠《ごも》り」をひきつぎ、人民のがわからしても、無理のないものであったと考えられる。しかし、白河上皇の個人的な志向もあり、院政期には殺生禁断策が過激に展開していく。さすがに上皇の死後は、宇治川の網代も復活するなど、一定のゆりもどしがあったが、寺社境内および荘園内部における殺生禁断は一般化・固定化していく。そうしたなかで、一定の妥協や論理操作がなされ、殺生仏果観などもうまれていった。狩猟・漁撈をめぐって、現実的にも観念的にも、これだけの現象が生じるということは、世界史的にもまれな現象であろう。

罪業の処理

問題の第二は、罪業の処理のしかたである。実は僧侶ですら、殺生と無縁ではあり得なかった。寺院内部においても、動物の皮革や骨角を利用した仏具が使用されていたからである。禽獣・魚貝を寺院境内にもちこむことは問題とされる一方、加工されたものについて、僧侶の意識はおよばない。これは、加工の段階で罪業観が清算されているからだろう。つまり、殺生・加工の場と消費の場の分離である。社会一般もまた、狩猟・漁撈および加工を行なう人々に罪業や穢れを負わせ、その成果を消費していた。これが、社会的分業による差別であることはいうまでもない。現代社会が、殺生の場と切りはなされた「無痛文明」であることの根は、おそらくここにある。プロローグで述べた、黒谷恭史氏の授業への批判も、そうした思考様式からうまれてきたものであろう。

罪業の分離・脱却

第三に、権力と罪業の分離である。鎌倉時代の武士の内面においては、狩猟・闘殺という文化要素にもとづく一定の罪業観が存在した。しかし、鎌倉後期における戒律の受容により、むしろ武士は、殺生を禁断する存在へとうつり変わっていく。室町幕府においては、大規模な狩猟は行なわれず、わずかに矢開き、鷹狩り、犬追物だけが残存した。とはいえ、前二者が殺生行為であることはまちがいない。これがどのように処理されたかというと、おそらくは獲物の聖別（神聖なものとして清めること）をともなう、さまざまな作法によって、罪業の側面が希薄化されたと考えられる。中澤克昭氏が指摘するように、この時期に、こうした儀礼にまつわる故実書が多く編纂されているのは、将軍による狩猟行為の神聖化ともかかわるだろう。狩人の系譜をもつ武士は、こうした手つづきをへて、狩猟にまつわる罪業観から、ほぼ脱却しえた。そこにいたる苦悩が、江戸時代における「為政者としての武士」の内面を準備したという側面もある。しかし、その一方で、一般の狩猟・漁撈者における罪業観は、外部からの抑圧をうけたまま、屈折したかたちで残存していくのである。

現代的課題へ

最後に、現代日本における考え方の問題がある。先にも述べたように、現代でも禽獣・魚貝を供養する「塚」の建立や、禁猟・禁漁の区域・期間の存在などが広く観察される。これを「自然との一体感」や「生命への憐み」など、日本文化に固有の美点ととらえる傾向もつよい。たしかに、日本文化における動植物への共感は特徴的だが、それは絶対的に特殊でもなく、また完全に自発的なものともいえない。生類の供養や禁猟・禁漁という行為は、狩猟・漁撈にたずさわる人々が、殺生禁断策という社会的な抑圧と格闘してきた結果であることにも注目しなければならない。そうした民俗の暗部や負の側面についても、冷静に考えていく必要があるだろう。

さらに現代では、クジラ・イルカ漁に対する諸外国からの非難という問題がある。これについては、キリストにならい「汝らのうち、殺生せざる者のみ、殺生者を責めよ」といっておくことにしよう。人類は、狩猟・漁撈という集団・共同作業によって、問題解決能力をつちかってきた。プロローグでも述べたが、それはおそらく、人類にとって本能的に「面白かった」はずである。甲斐国石和《いさわ》川で殺された鵜飼は、幽霊になっても「面白の有様や、底にも見ゆる篝《かがり》火《び》に、驚く魚を追廻《おいまわ》し、潜《かず》き上げ掬《すく》い上げ、隙《ひま》なく魚を食ふ時は、罪も報ひも後の世も、忘《わす》れ果《は》てて面白や」とうたいあげた（謡曲「鵜飼」）。業報《ごうほう》も堕地獄も、鵜飼をする時だけは忘れていられるというのである。横井清氏は、これを「殺生の愉悦」と表現した。それほどまでに、狩猟・漁撈は人類の本能に大きな位置をしめてきたのである。この点を直視しない、やみくもな動物愛護は、不合理ではないのだろうか。

そう思う一方で、日本の歴史において、狩猟・漁撈者がどういうあつかいをうけてきたか、という点についても考えるべきであると感じる。そもそも「まったく殺生せざる者」など、この世には存在しない。しかし、それを隠蔽するために、日本の歴史上さまざまな論理操作がなされてきた。それは、ほとんど「ごまかし」といって良いかもしれない。そのことは、いかにしても記憶しておくべきなのである。

あとがき

我ながら、奇妙なものを書いてしまった。

この本を書きおえたのちの、すなおな感慨である。プロローグにも述べたが、この奇妙さは、中世社会と現代社会の差異に由来している。現代、私たちが「殺生」と口にする場合、字義どおりに「生類を殺す」ことをいっているのではあるまい。おそらく、「無理難題を押しつける」、「やり方が無道・非情である」との意味であろう。その原義は、もはや忘れ去られたのである。一方、中世社会ではどうかというと、「殺生」をめぐる深刻さ、ときに滑稽さは本文に述べたとおりである。それは、現代人の想像を絶しているといっても良い。彼我の差は、近代国家の成立という断絶によるものなのであろう。

奇妙さのもうひとつの由来は、間違いなく筆者の性格にある。この点は、筆者を知る方々にたずねてみれば、即座に同意を得ることができる。「伝統」「高級」「洗練」といったものに背を向け、つねに「下世話」と「低俗」を愛してきた。他人の残り物には「福がある」と信じこみ、「少数と隙間の方」へ、逃げるように流れてきた。研究の足どりもまた、似たようなものである。他人に訴えかけるだけの内的衝動に欠ける自分は、消極的な方法で自己の独創性を主張したかったのだろう。だから、研究テーマもまた、風変わりなものにならざるを得ない。「中世前期における殺生禁断の機能と諸問題」。これが、筆者の卒業論文の題目である。現在、「殺生」というテーマで研究論文を発表する人物を、筆者は二、三人しか挙げることができない。それだけ、このテーマは少数派の手によるものなのである。大学卒業は一九九一年のことだが、現在にもまして当時、「殺生」というテーマは奇妙なものだった。ただ、そこに行き着くまでには、いくつか屈折した事情がある。

大学に入った一九八〇年代後半は、バブル景気の只中にあった。それと足なみをそろえたものかどうか、当時は空前の社会史ブームをむかえていた。それを主導していたのが、網野善彦氏であったことはいうまでもない。氏の大著『日本中世の非農業民と天皇』を読んだとき、非礼ながら筆者は「この本の著者は、自分とおなじ性向をもっているのではないか」と感じた。日本中世の産業といえば、農業が基本であり、荘園史においてもいわゆる農民が社会の基盤にすえられていた。そのなかで、網野氏は漁業史をはじめとする非農業分野の歴史に取り組んでいたのである。それには、よほどの反骨精神がなければならないだろう、と筆者は勝手に感じたものだった。

一方、大学内部ではどうかいうと、社会史ブームはあくまで表層的な現象であり、「歴史を理解するためには、農業や土地所有のしくみが理解できないといけない」という雰囲気があった。この伝統的な雰囲気に筆者が背を向けたのは、いうまでもない。ゼミのご担当は、公田体制論で著名な田沼睦先生、荘園史・武士論で著名な山本隆志先生という鉄壁の布陣であったが、今考えれば申しわけない次第であった。

理由はよく分からないのだが、『日本中世の非農業民と天皇』におさめられた短文「宇治川の網代《あじろ》」に筆者はつよく引きつけられた。本文に述べたように、網代とは簗《やな》のことで、漁法自体は縄文時代から現代までほとんど変わりがないともいわれる。琵琶湖の魞《えり》などもそうだが、こうした陥穽《かんせい》漁具は魚類の生態とも相まって、筆者には非常に興味深く感じられた。だが、ここですでに、ひとつの偏圧がかかっていることに注意されたい。漁業史といえば、一般的には海面漁業の歴史をさすが、筆者はここでもまた少数派である内水面（河川湖沼）の漁業を選択してしまっているのである。

「少数と隙間への旅」は、まだまだつづく。筆者はさらに、宇治川の網代がたびたび破壊されていることに注目した。その論理が「殺生禁断」というものであることも分かってきたが、史料を読むにつけ、「中世の人々はなぜ、この論理にそこまでこだわったのだろう」という疑問もわいてきた。そこで筆者はこれを、ふたつの方向から考えてみることにした。ひとつは内水面漁業の実態を明らかにすること、もうひとつは殺生禁断の実態を明らかにすることである。具体性への注目は、山本隆志先生の影響であろう。

こうして出来あがったのが先の卒業論文であるが、結果として海のものとも山のものともつかないものになってしまった。要するに、宗教史でもなければ、漁業史でもない。悪い意味で「隙間産業という隘路」に陥っているのである。その反省と、荘園の現地調査に傾注していたこともあって、大学院に進んでからの筆者の研究テーマは、「荘園における寺社と民衆」というものに移っていった。少しだけ良い方向に考えると、「殺生禁断」という問題は、宗教史と荘園史の双方に目を向けるきっかけになったといえるかもしれない。「殺生禁断」についてはその後、「日本中世における殺生観と狩猟・漁撈の世界」という論文を発表したことで、自分としてはもはや決着がついたものと思っていた。それは、一里塚をかねた墓標になるはずだった。

ところが、どうも周囲は、そう受けとっていなかったようである。『荘園社会における宗教構造』という著作を刊行したのちにも、「殺生」の問題について発言や原稿をもとめられることが多くなった。先の論文を、筆者の代表作と考えている方も多い。ようやくそれに気づいたのも、その頃である。二〇一三年、『環境の日本史（三）　中世の環境と開発・生業』に「狩人・漁人・武士と殺生・成仏観」を執筆したことがきっかけで、編集部の石津輝真氏から、本書の企画のお誘いをいただいた。世に「鋏は使いよう」というが、自己の社会的価値というものは、自分ではなかなか分からないものである。ここまで述べれば、筆者が本書に感じる「奇妙さ」を分かっていただけるだろうか。

このシリーズの著者すべてに共通するだろうが、本書の執筆は「第三者の目から、自分の研究を見なおしてみる」という意味をもつ。だから、すべての部分にわたって、再点検と再検討が必要だったのである。その作業を経てみると、過去の自分の誤りや、見解のブレなどが如実に見てとれる。それによって、新たな論点も発見することができた。何より、武士と殺生の関係は、鎌倉仏教を考えるうえで、不可欠なものになると再確認した。従来、こうした問題について、禅宗は無関係と思われていたようだが、どうもそうではないらしい。禅宗もまた、堕地獄という問題には敏感だったのである。この点は自分にとっても大きな驚きであり、収穫であった。禅宗の教理と武士の内面についての研究は、いまだ緒についたばかりだが、今後の発展が見こめる分野といえるのではないだろうか。

企画のお誘いをいただいた石津輝真氏に、まずは感謝申し上げなければならない。実は、今年の二月に『日本史を学ぶための古文書・古記録訓読法』を刊行したばかりなのだが、おなじ出版社から、一年のあいだに二冊も著作を刊行していただけるのは、もはや望外の喜びという他はない。

考えてみると、前著も筆者の専門とはことなり、一般向けの入門書であった。変体漢文の訓読に特化した入門書は、従来「ありそうでなかった」ものであるらしい。「隙間産業」にも、それなりの効能があるのかもしれない。結果として、筆者の「少数と隙間への旅」も、そう悪いものでなかったといえるだろうか。

二〇一五年八月二十日

苅米一志

参考文献

史料（訓読文などを直接引用したもの）

石田瑞麿校注『日本思想大系（六）源信』岩波書店、一九七〇年
石田瑞麿『仏典講座（一四）梵網経』大蔵出版、一九七一年
出雲路修校注『新日本古典文学大系（三四）日本霊異記』岩波書店、一九九六年
蔭木英雄『訓注　空華日用工夫略集』思文閣出版、一九八二年
西野春雄校注『新日本古典文学大系（五七）謡曲百番』岩波書店、一九九八年
水田紀久校注『日本思想大系（四三）富永仲基・山片蟠桃』岩波書店、一九七三年

図書・論文

網野善彦『日本の歴史（一〇）蒙古襲来』小学館、一九七四年
同　『日本中世の非農業民と天皇』岩波書店、一九八四年
同　「古代・中世・近世初期の漁撈と海産物の流通」永原慶二・他編『講座・日本技術の社会史（二）塩業・漁業』日本評論社、一九八五年
家永三郎「六道絵とその歴史」『日本絵巻物全集（七）地獄草紙・餓鬼草紙・病草紙』角川書店、一九七六年

石井　進『日本の歴史（一二）　中世武士団』小学館、一九七四年
宇野日出生「やしろのまかない」大山喬平監修、石川登志雄・他編『上賀茂のもり・やしろ・まつり』思文閣出版、二〇〇六年
大塚紀弘『中世禅律仏教論』山川出版社、二〇〇九年
岡田真美子「不殺生の教えと現代の環境問題」中村生雄・他編『人と動物の日本史（四）　信仰のなかの動物たち』吉川弘文館、二〇〇九年
小川　博「日本の漁獲制限の民俗」同『海の民俗誌』名著出版、一九八四年
片岡耕平『日本中世の穢れと秩序意識』吉川弘文館、二〇一四年
上川通夫『日本中世仏教形成史論』校倉書房、二〇〇七年
同　『日本中世仏教と東アジア世界』塙書房、二〇一二年
亀谷弘明「古代王権と贄」『歴史学研究』七八一号、二〇〇三年
苅米一志「日本中世における殺生観と狩猟・漁撈の世界」『史潮』新四〇号、一九九六年
同　「西大寺叡尊による殺生禁断活動と荘園社会」同『荘園社会における宗教構造』校倉書房、二〇〇四年
同　「荘園社会における生業の展開と宗教支配」『史境』五一号、二〇〇五年
同　「狩人・漁人・武士と殺生・成仏観」井原今朝男編『環境の日本史（三）　中世の環境と開発・生業』吉川弘文館、二〇一三年
河合正治『中世武家社会の研究』吉川弘文館、一九七三年

河田光夫「殺生・肉食を善とする説話の成立」『説話文学研究』二一号、一九八六年
菊地照夫「毒流し漁雑考」『法政考古学』三〇号、二〇〇三年
木村茂光編『日本農業史』吉川弘文館、二〇一〇年
黒田　智「勝軍地蔵の誕生」加須屋誠編『仏教美術論集（四）図像解釈学』竹林舎、二〇一三年
黒田俊雄『日本中世の国家と宗教』岩波書店、一九七六年
河野通明『日本農耕具史の基礎的研究』和泉書院、一九九四年
国立歴史民俗博物館編『生業から見る日本史』吉川弘文館、二〇〇八年
御勢久右衛門「奥吉野の自然と生活」森下正明・吉良竜夫編『今西錦司博士還暦記念論文集　自然―生態学的研究』中央公論社、一九六七年
五味文彦『殺生と信仰』角川書店、一九九七年
定方　晟『須弥山と極楽』講談社、一九七三年
同『インド宇宙誌』春秋社、一九八五年
同『インド宇宙論大全』春秋社、二〇一〇年
佐藤全敏『平安時代の天皇と官僚制』東京大学出版会、二〇〇八年
佐藤密雄『仏典講座（四）律蔵』大蔵出版、一九七二年
佐野静代『中近世の村落と水辺の環境史』吉川弘文館、二〇〇八年
白水　智「中世海村の百姓と領主」『列島の文化史』九号、一九九四年
同「野生と中世社会」小野正敏・他編『動物と中世』高志書院、二〇〇九年

平　雅行『日本中世の社会と仏教』塙書房、一九九二年
同　「殺生禁断の歴史的展開」大山喬平教授退官記念会編『日本社会の史的構造　古代・中世』思文閣出版、一九九七年
同　「殺生禁断と殺生罪業観」脇田晴子・他編『周縁文化と身分制』思文閣出版、二〇〇五年
高橋　修『中世武士団と地域社会』清文堂出版、二〇〇〇年
高橋昌明『武士の成立　武士像の創出』東京大学出版会、一九九九年
竹内利美「河川と湖沼の漁法と伝承」網野善彦・他編『日本民俗文化大系（五）　山民と海人　非平地民の生活と伝承』小学館、一九八三年
竹園賢了「八幡神と仏教の習合」『宗教研究』一五九号、一九五九年
千葉徳爾『狩猟伝承研究』風間書房、一九六九年
塚本　学『生類をめぐる政治』平凡社、一九八三年
戸田芳実『日本領主制成立史の研究』岩波書店、一九六七年
同　『初期中世社会史の研究』東京大学出版会、一九九一年
冨島義幸『平等院鳳凰堂』吉川弘文館、二〇一〇年
中澤克昭「日本中世狩猟文化史論序説」中村生雄・他編『狩猟と供犠の文化誌』森話社、二〇〇七年
同　「狩る王の系譜」同編『人と動物の日本史（二）　歴史のなかの動物たち』吉川弘文館、二〇〇八年
中野幡能『増補版　八幡信仰史の研究（上）（下）』吉川弘文館、二〇一三年

中村生雄「殺生罪業観と草木成仏思想」中村生雄・他編『狩猟と供犠の文化誌』森話社、二〇〇七年
同『日本人の宗教と動物観』吉川弘文館、二〇一〇年
永村眞『中世寺院史料論』吉川弘文館、二〇〇〇年
西田正規『人類史のなかの定住革命』講談社、二〇〇七年
野本寛一『共生のフォークロア』青土社、一九九四年
橋本道範『日本中世の環境と村落』思文閣出版、二〇一五年
原田信男「殺生罪業観の展開と狩猟・漁撈」中村生雄・他編『狩猟と供犠の文化誌』森話社、二〇〇七年
原田正俊『日本中世の禅宗と社会』吉川弘文館、一九九八年
春田直紀「中世の海村と山村」『日本史研究』三九二号、一九九五年
同「自然と人の関係史」『国立歴史民俗博物館研究報告』九七号、二〇〇二年
同「中世海村の生業暦」『国立歴史民俗博物館研究報告』一五七号、二〇一〇年
東アジア怪異学会編『怪異学の可能性』角川書店、二〇〇九年
藤井弘章「動物食と動物供養」中村生雄・他編『人と動物の日本史（四）信仰のなかの動物たち』吉川弘文館、二〇〇九年
北條勝貴「自然と人間のあいだで」増尾伸一郎・他編『環境と心性の文化史（下）環境と心性の葛藤』勉誠出版、二〇〇三年
細川涼一『中世の律宗寺院と民衆』吉川弘文館、一九八七年
同『中世の身分制と非人』日本エディタースクール出版部、一九九四年

同　　　　『日本中世の社会と寺社』思文閣出版、二〇一三年
細川涼一訳注『感身学正記（一）　西大寺叡尊の自伝』東洋文庫、一九九九年
同　　　　『関東往還記』東洋文庫、二〇一一年
保立道久「中世前期の漁業と庄園制」『歴史評論』三七六号、一九八一年
同　　　　「宇治橋と鱣漁」『月刊海洋』号外四八、二〇〇八年
松尾剛次『勧進と破戒の中世史』吉川弘文館、一九九五年
同　　　　『日本中世の禅と律』吉川弘文館、二〇〇三年
同　　　　『中世律宗と死の文化』吉川弘文館、二〇一〇年
松原正毅「焼畑農耕民のウキとなれずし」『季刊人類学』一巻三号、一九七〇年
蓑輪顕量『中世初期南都戒律復興の研究』法蔵館、一九九九年
森田喜久男『日本古代の王権と山野河海』吉川弘文館、二〇〇九年
守田逸人『日本中世社会成立史論』校倉書房、二〇一〇年
安室　知『水田をめぐる民俗学的研究』慶友社、一九九八年
同　　　　『水田漁撈の研究』慶友社、二〇〇五年
山尾幸久『日本古代王権形成史論』岩波書店、一九八三年
横井　清「殺生の愉悦」同『的と胞衣』平凡社、一九八八年
李　慈郎「律と仏教社会」奈良康明・下田正弘編『新アジア仏教史（〇三）　インドⅢ　仏典からみた仏教世界』佼成出版社、二〇一〇年

著者紹介
一九六八年、福島県に生まれる
一九九六年、筑波大学大学院歴史・人類学研究科単位取得退学
現在、就実大学人文科学部教授、博士（文学）
主要著書・論文
『荘園社会における宗教構造』（校倉書房、二〇〇四年）
『日本史を学ぶための古文書・古記録訓読法』（吉川弘文館、二〇一五年）
「中世前期における地域社会と宗教秩序」（『歴史学研究』八二〇号、二〇〇六年）

歴史文化ライブラリー
414

殺生と往生のあいだ
中世仏教と民衆生活

二〇一五年（平成二十七）十二月一日　第一刷発行

著　者　苅《かり》米《こめ》一《ひと》志《し》
発行者　吉川道郎
発行所　株式会社　吉川弘文館
東京都文京区本郷七丁目二番八号
郵便番号一一三―〇〇三三
電話〇三―三八一三―九一五一〈代表〉
振替口座〇〇一〇〇―五―二四四
http://www.yoshikawa-k.co.jp/
印刷＝株式会社 平文社
製本＝ナショナル製本協同組合
装幀＝清水良洋・宮崎萌美

ISBN978-4-642-05814-8

歴史文化ライブラリー

1996. 10

刊行のことば

現今の日本および国際社会は、さまざまな面で大変動の時代を迎えておりますが、近づきつつある二十一世紀は人類史の到達点として、物質的な繁栄のみならず文化や自然・社会環境を謳歌できる平和な社会でなければなりません。しかしながら高度成長・技術革新にともなう急激な変貌は「自己本位な刹那主義」の風潮を生みだし、先人が築いてきた歴史や文化に学ぶ余裕もなく、いまだ明るい人類の将来が展望できていないようにも見えます。

このような状況を踏まえ、よりよい二十一世紀社会を築くために、人類誕生から現在に至る「人類の遺産・教訓」としてのあらゆる分野の歴史と文化を「歴史文化ライブラリー」として刊行することといたしました。

小社は、安政四年（一八五七）の創業以来、一貫して歴史学を中心とした専門出版社として書籍を刊行しつづけてまいりました。その経験を生かし、学問成果にもとづいた本叢書を刊行し社会的要請に応えて行きたいと考えております。

現代は、マスメディアが発達した高度情報化社会といわれますが、私どもはあくまでも活字を主体とした出版こそ、ものの本質を考える基礎と信じ、本叢書をとおして社会に訴えてまいりたいと思います。これから生まれでる一冊一冊が、それぞれの読者を知的冒険の旅へと誘い、希望に満ちた人類の未来を構築する糧となれば幸いです。

吉川弘文館

歴史文化ライブラリー

文化史・誌

歴史文化ライブラリー

日本料理の歴史――熊倉功夫
吉兆　湯木貞一 料理の道――末廣幸代
アイヌ文化誌ノート――佐々木利和
流行歌の誕生「カチューシャの唄」とその時代――永嶺重敏
話し言葉の日本史――野村剛史
日本語はだれのものか――川口　良・角田史幸
「国語」という呪縛 国語から日本語へ、そして○○語へ――川口　良・角田史幸
柳宗悦と民藝の現在――松井　健
遊牧という文化 移動の生活戦略――松井　健
薬と日本人――山崎幹夫
マザーグースと日本人――鷲津名都江
金属が語る日本史 銭貨・日本刀・鉄炮――齋藤　努
書物に魅せられた英国人 フランク・ホーレーと日本文化――横山　學
災害復興の日本史――安田政彦
夏が来なかった時代 歴史を動かした気候変動――桜井邦朋

民俗学・人類学

日本人の誕生 人類はるかなる旅――埴原和郎
倭人への道 人骨の謎を追って――中橋孝博
神々の原像 祭祀の小宇宙――新谷尚紀
女人禁制――鈴木正崇
民俗都市の人びと――倉石忠彦
鬼の復権――萩原秀三郎
山の民俗誌――湯川洋司
雑穀を旅する――増田昭子
川は誰のものか 人と環境の民俗学――菅　豊
名づけの民俗学 地名・人名はどう命名されてきたか――田中宣一
番と衆 日本社会の東と西――福田アジオ
記憶すること・記録すること 聞き書き論ノート――香月洋一郎
番茶と日本人――中村羊一郎
踊りの宇宙 日本の民族芸能――三隅治雄
日本の祭りを読み解く――真野俊和
柳田国男 その生涯と思想――川田　稔
海のモンゴロイド ポリネシア人の祖先をもとめて――片山一道

考古学

農耕の起源を探る イネの来た道――宮本一夫
O脚だったかもしれない縄文人 人骨は語る――谷畑美帆
老人と子供の考古学――山田康弘
〈新〉弥生時代 五〇〇年早かった水田稲作――藤尾慎一郎
交流する弥生人 金印国家群の時代の生活誌――高倉洋彰
古　墳――土生田純之
東国から読み解く古墳時代――若狭　徹
銭の考古学――鈴木公雄

歴史文化ライブラリー

歴史文化ライブラリー

歴史文化ライブラリー

- 戦国大名の危機管理——黒田基樹
- 戦国大名の兵粮事情——久保健一郎
- 戦乱の中の情報伝達 使者がつなぐ中世京都と在地——酒井紀美
- 戦国時代の足利将軍——山田康弘
- 名前と権力の中世史 室町将軍の朝廷戦略——水野智之
- 戦国貴族の生き残り戦略——岡野友彦
- 戦国を生きた公家の妻たち——後藤みち子
- 鉄砲と戦国合戦——宇田川武久
- 検証 長篠合戦——平山 優
- よみがえる安土城——木戸雅寿
- 検証 本能寺の変——谷口克広
- 加藤清正 朝鮮侵略の実像——北島万次
- 北政所と淀殿 豊臣家を守ろうとした妻たち——小和田哲男
- 豊臣秀頼——福田千鶴
- 偽りの外交使節 室町時代の日朝関係——橋本 雄
- 朝鮮人のみた中世日本——関 周一
- ザビエルの同伴者 アンジロー 戦国時代の国際人——岸野 久
- 海賊たちの中世——金谷匡人
- 中世 瀬戸内海の旅人たち——山内 譲
- アジアのなかの戦国大名 西国の群雄と経営戦略——鹿毛敏夫
- 天下統一とシルバーラッシュ 銀と戦国の流通革命——本多博之

近世史

- 神君家康の誕生 東照宮と権現様——曽根原 理
- 江戸の政権交代と武家屋敷——岩本 馨
- 江戸御留守居役 近世の外交官——笠谷和比古
- 検証 島原天草一揆——大橋幸泰
- 大名行列を解剖する 江戸の人材派遣——根岸茂夫
- 江戸大名の本家と分家——野口朋隆
- 赤穂浪士の実像——谷口眞子
- 〈甲賀忍者〉の実像——藤田和敏
- 江戸の武家名鑑 武鑑と出版競争——藤實久美子
- 武士という身分 城下町萩の大名家臣団——森下 徹
- 旗本・御家人の就職事情——山本英貴
- 武士の奉公 本音と建前 江戸時代の出世と処世術——高野信治
- 宮中のシェフ、鶴をさばく 江戸時代の朝廷と庖丁道——西村慎太郎
- 馬と人の江戸時代——兼平賢治
- 江戸時代の孝行者 「孝義録」の世界——菅野則子
- 死者のはたらきと江戸時代 遺訓・家訓・辞世——深谷克己
- 近世の百姓世界——白川部達夫
- 江戸の寺社めぐり 鎌倉・江ノ島・お伊勢さん——原 淳一郎
- 宿場の日本史 街道に生きる——宇佐美ミサ子
- 〈身売り〉の日本史 人身売買から年季奉公へ——下重 清